古文書を楽しく読む！

よくわかる「くずし字」見分け方のポイント

新版

齋藤 均 監修
山本 明 著

JN189681

メイツユニバーサルコンテンツ
MATES UNIVERSAL CONTENTS

はじめに――最もわかりやすい入門書を目指して

今、くずし字に取り組む人が増えている。歴史好きの中高年に加え、江戸時代のエロティックな浮世絵に興味津々の「春画ガール」、武将の刀イノチの「刀剣女子」が新規参入してきた。古文書が読めれば歴史がもっと深く理解でき、春画や刀剣がより楽しめるというのが理由だ。

とはいえ、入門書を名乗る本は数あるが、そのほとんどはかなりハイレベルな内容となっている。実は入門と銘打ちながら、多くの本はカルチャーセンターでそれなりの基礎を学んだ人向けにつくられていた。戸惑うだけでなく挫折するのは当然といえる。

基礎の基礎から学べる本をつくりたい。それが本書の企画意図である。もちろん最低限のことは覚えなくてはならないが、攻略のコツさえつかめれば進歩は意外に早い。ネット講座『くずし字を解読しましょう！』が大人気の齋藤均先生のご協力のもと、基礎の基礎にこだわって効率よく学べるポイントをまとめてみた。

くずし字の読みこなしはパズルや暗号解読に似ている。のたくった謎の筆文字が意味のある言葉に変わる瞬間は快感といっていい。中高年の方には格好の脳トレにもなってくれるだろう。

本書は基礎の基礎という観点から、平仮名の読解にテーマを絞った。平仮名が読めるようになれば、漢字にルビが振られた江戸期の庶民向けの文書なら十分こなせる。また漢字が混ざった古文書の読み取りにも自ずと道が開けるはずだ。

くずし字では一つの音にいくつもの種類（異体字）が設定される。本書では異体字の数が限定されてくる江戸時代のものを中心に、比較的登場頻度が高いものを齋藤先生にセレクトしてもらった。なお異体字のパターンは、書作家の樋口英一氏に書き起こしていただいた。

読めると、文字を介して昔の人とつながれるなど人生を豊かにしてくれる面もあるが、それ以前に他人に真似できない知的な行為であり、特技として人に誇っていいことだと思う。この本で、あなたもくずし字マスターを目指そう。

目次

※本書は2017年発行の『古文書を楽しく読む！　よくわかる「くずし字」見分け方のポイント』の新版です。

第一章
読解のファーストステップ
私たちは、なぜくずし字が読めないか？

第二章
「あ」から「ん」までをガイド
くずし字の平仮名を徹底攻略する

第四章
読むと楽しいくずし字ワールド
江戸時代の美人絵や妖怪画にトライ

巻末付録
迷ったら繰り返しチェック
「48音くずし字」一覧

第一章

読解のファーストステップ

私たちは、なぜくずし字が読めないか？

江戸時代には、寺子屋で学んだ子どもたちでさえ、すらすらと読めたくずし字。
ところが現代人の私たちは、ほんのわずかしか読解できなくなっている。
それはいったいなぜか——。
実はその理由がわかると、くずし字の全体像がみえてくる。
読みこなしの第一歩として、現代文とのちがいを知ろう。

Point 1

くずし字と現代文ではルールがちがう

左ページは、浮世絵師の歌川国貞が描いた美人絵だ。「国貞　改《あらため》二代目豊国」を称した幕末頃の作品で、万亭應《まんていおう》賀《が》の戯作をテーマに、上品で身持ちが堅い女性が、道ならぬ不倫に悩むという内容。

不倫は今も昔も変わらぬテーマという話は置くとして、この美人絵に書かれた文字が読めるだろうか。「ひとすぢ」「みちならぬ」は読解できても、他はさっぱり――。そんな方がほとんどだと思う。

というか、読めないのが当然である。**現代文とくずし字では書き方にルールのちがいがあり、いわば断絶がある**からだ。たとえば、右側にルビが振られているのが漢字で他は平仮名だが、平仮名のなかには漢字に似た字も混じっている。**つまり平仮名の体系が今とは別ということ。それ以外にも異なる点があり、私たちには読めなくなった。**以下、そのルールについて説明していこう。

読み解説

こまげたも
おとなしやかに
はきならふ
をんなのみちの
ひとすぢを
つひ
みち
ならぬ
みちくさに
おもひのやまに
ふみまよふ
かな

●国立国会図書館所蔵

Point 2

字のくずし方にバリエーションがある

くずし字は毛筆で書かれた文字だ。字形の基本パターンをある程度守りつつも、**次の字への続け方や筆運びの勢いによって、同じ字でもフォルムががらりと変わる。**また書く人によっても個性が出やすい。活字のように字体が厳格に固定されず、それが読みにくさの理由の一つとなっている。

ちなみに、掛け軸や屏風、歌碑、句碑に書かれた文字が判読しにくいのは、見た目の美しさを優先させ、字形を誇張させるなど大きくくずすことがあるからだ。

さらに一連の文中でも、**同一文字のくずし方がしばしば変化する。**前ページ美人絵の2行目にあると12行目のはともに「か」である。また2行目と文末のも同じ「な」。このような例は決してめずらしいことではなく、様々な字でごく一般的に行われている。この変化に確固たる法則性はみられず、書く人の好みであってケースバイケースというしかない。

本誌に掲載した同一文字のくずし方パターンを頭に入れ、こつこつ演習問題を解いていくことでしかクリアできない課題である。しかし、コツをつかめばいいだけの話。読み慣れてくると、なぜくずし方を変えたのか、書き分けから書いた人の気持ちが理解できるようにもなる。

【⬇第二章P22から、平仮名のもとになった字母とくずし方を五十音順に詳しく解説】

Point 3
なかなか面倒な「歴史的仮名遣い」

くずし字は歴史的仮名遣いで書かれている。9ページの美人絵でも「**を**んな」の「を（**お**）」、「ひとす**ぢ**を」の「ぢ（**じ**）」、そして「つ**ひ**」の「ひ（**い**）」と「はきなら**ふ**」、「ふみまよ**ふ**」の「ふ（**う**）」がそれだ。読んでいて意味が通じずに思案していたら、歴史的仮名遣いだったということもある。

「**てふ**」（**ちょう**＝蝶）、「**あふぎ**」（**おうぎ**＝扇）、「**けふ**」（**きょう**＝今日）は比較的知られているが、歴史的仮名遣いはなかなか厄介である。「だった」の「っ」のような**促音・拗音は大きな字で書かれ**、今ではほとんど使われなくなった「**ゐ**」「**ゑ**」も登場する。

また「こ**は**い」（こ**わ**い＝怖い）、「お**ほ**い」（お**お**い＝多い）のように、**言葉の頭以外の「わ・い・う・え・お」は「は・ひ・ふ・へ・ほ」と書かれ**、「はきなら**ふ**」「ふみまよ**ふ**」の「ふ（**う**）」もこの例だ。**現代仮名の助動詞「ん」は「あ（会）はむ」のように「む」が使われ**、「ゆ**く**わい」（ゆ**か**い＝愉快）、「まん**ぐ**わ」（まん**が**＝漫画）の「**くわ・ぐわ**」**は、現代では「か・が」と書く**……ほか、挙げ出すときりがないほど現代文とはちがいがある。演習を重ねて、感覚的につかんでいくしか方策はなく、**常に歴史的仮名遣いを意識して取り組むことが重要**になってくる。

【➡第四章P90からの美人画や妖怪画に書かれたくずし字で実践を積もう】

Point 4

平仮名の異体字が判読を難しくしている

現代では平仮名の数は一つに決まっている。だが、**くずし字では一つの音にいくつもの異体仮名が存在**し、たとえば本書で紹介している「け」には、（※くずし方によって字形は変わる）の4種類がある。「す」や「に」「は」「る」も4タイプ収録したが、**複数の異体仮名が同じ文章内で混用される**のだから話はややこしい。くずし字解読を難しくする大きな要因だ。9ページの美人画にもいくつか混在はあり、4行目のとはともに「の」と読む。

そもそも平仮名は漢字をくずしてつくられた。例に示した「け」は、上から**計・介・遣・希**の漢字に由来する。カタカナは平安中期に一つに定まったが、平仮名は異体仮名の混用が長く続き、なんと一音一字の原則にしたがって統一されたのは明治33（1900）年のこと。現在用いられる平仮名を「**現用字体**」といい、今では用いられなくなった異体仮名を「**変体仮名**」と呼んでいる。

平仮名のもとになった漢字（字母）は、その音や訓から選ばれた。とはいえ、音や訓の読みが現代とは変化していて、「川」が「つ」になるように、すんなりと理解できない面もあるだろう。

文書を読むためにはこの**異体仮名を覚えなくてはならないが、合わせてくずされる以前の字母も記憶する必要がある**。フォルムがすっかりくずれて判読が難しい場合、もとになった字母を知っていれば、筆の入り方や筆路を追い類推が可能になるからだ。

ところで、平安時代に書かれた文章は読みにくいとされる。異体仮名の数が多いことに加え、書いた人が漢字から独自に変体仮名を編み出して用いるためである。寺子屋が発達し、庶民も文章にふれるようになった江戸時代になると、一定のルールが確立され、異体仮名の数も減っていく。

覚えることが多すぎて大変だ……。ここまで読んできて、早くもめげそうな人もいるかもしれない。

●「風流てらこ　吉書はじめ　けいこの図」　国立国会図書館所蔵

【↓第二章P20から、複数の異体仮名と様々なくずし方を詳しく解説】

励ましの意味で、歌川豊国が江戸後期に描いた寺子屋の浮世絵を載せた。作品名は「風流てらこ　吉書はじめ　けいこの図」で、女の子たちが年頭の書初めをしている。中央の子はかなり幼く、こんな子どもも頑張っている。自分なりのペースでいいから、私たちも前向きに取り組もう。

Point 5

今の平仮名のもとになった漢字を知ろう

現在用いられている平仮名（現用字体）も、漢字をくずしたものだということは前述した。明治33年の「小学校令施行規則」の制定で、数ある異体字のなかから選定されたが、この規則がなければ私たちも多くの異体仮名を学ばなくてはならなかった。

以下、現用字体の字母を紹介していく。実は、これらに由来する平仮名は古文書でも登場頻度が高く、重要な字母として頭に入れてほしい。

【⬇第二章P22から、五十音順に重要な字母を詳しく解説】

あ行

あ＝安　い＝以　う＝宇　え＝衣　お＝於

か行

か＝加　き＝幾　く＝久　け＝計　こ＝己

さ行

さ＝左　し＝之　す＝寸　せ＝世　そ＝曽（曾）

た行

た＝太　ち＝知　つ＝川　て＝天　と＝止

な行

な＝奈　に＝仁　ぬ＝奴　ね＝祢（禰）　の＝乃

は行

は＝波　ひ＝比　ふ＝不　へ＝部　ほ＝保

ま行

ま＝末　み＝美　む＝武　め＝女　も＝毛

や行

や＝也　ゆ＝由　よ＝与

ら行

ら＝良　り＝利　る＝留　れ＝礼（禮）　ろ＝呂

わ行

わ＝和　ゐ＝為　ゑ＝恵　を＝遠

ん＝无

Point 6

続け書きをどこで区切って読むか

左ページのくずし字を見てほしい。紀貫之『土佐日記』を書写したものの一部だが、ダーッと続けて書かれていて、いったいどこで文字を区切って読めばいいのだろう。

続け字のことを連綿体といい、次の字に延びる線を連綿線と呼ぶ。連綿線の処理は書き手のクセが出やすく、人によってちがいが大きい。また続ける際に字の一部が省略されることも多々あって、二つの字を一体化させた「合字」も登場する。毛筆で字を書く機会がなくなった私たちには、とっつきにくい難題だ。続け書きの解読は誰もがぶつかる壁といえる。

解読テクニックは後の章であつかうが、場数を踏むことで自ずと乗り越えられる課題であり、それほど心配することはない。連綿線に書いた人の美学を見出し、楽しめるようになれば一人前である。

ちなみに、この『土佐日記』も第四章（122ページ参照）で取り組んでもらう。ある程度くずし字に接してきた後だけに、今見た印象とはかなり変わっているはずだ。そこに成長の跡が確認できるだろう。

くずし字で書かれた文章が読みにくい理由はまだまだある。

江戸時代までの文章には、基本的に読点「、」や句点「。」といったものがなく、文章の区切りが見

分けにくい。加えて段落で書き分けるという意識が薄く、段落冒頭の一字下げも行われない。「が」「だ」「ば」のような濁点も、濁点記号が振られていたり、振られていなかったりもする。

くずし字に比べ、現代文はなんと合理的にできていることか。その意味で**今の私たちの文章ルールをいったんリセットし、まったくの別物だと認識して臨む必要がある。**

次の章から各音のくずし字解説に入る。あちこちの書籍で見つけた異字仮名をコピーし、音ごとにバインダーノートに貼り付けてまとめたという人がいる。手間暇はかかるが、くずし字攻略には有効だと話す。あなたも自分に合った方法を編み出してトライしよう。

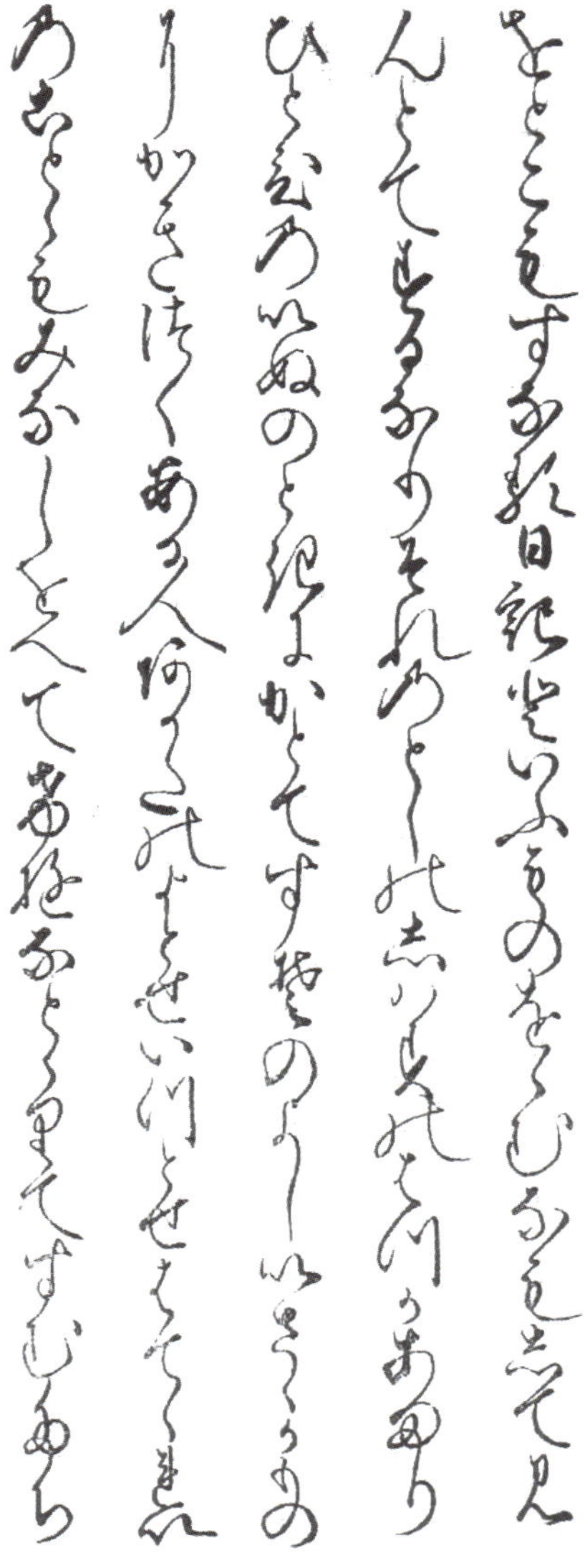

【⬇第三章P75からの演習問題で、様々なくずし方のパターンを覚えよう】

Point 7

くずし字の平仮名は「漢字」と認識しよう

何度もいうように、平仮名は漢字をくずしてつくられた。もとは漢字だったことを気にすることなく、私たちは漢字と平仮名を別物として扱っている。

対して昔の人々は、もとになった漢字（字母）を意識して平仮名を書いていた。くずし字を習得する際、この感覚のズレを乗り越えることが重要になる。

つまりはこうだ。**平仮名はくずされた漢字の字母が並んだもの――**。くずし字はこの性格が前面に出てくる。そのため**字母を知り、理解を深めていくことが攻略の早道となる**。

いたずらにくずされた平仮名を頭に叩き込もうとしても、くずし字では同じ音に異体字がいくつもある。その数は多く、簡単に頭に収まるものではない。まずは腰を据えて字母を習得し、字母がくずれたものとして各くずし字を覚えていったほうが、はるかに効率的である。字母だけで「あいうえお」が書けるレベルにまでもっていけば、以降の学習に弾みがつくだろう。

「春」と書いて「す」、「者」が「は」、「耳」が「に」、「堂」が「た」のように、字母の読みが今とは異なるものも少なくない。さぁ、いよいよくずし字レッスンである。心して取りかかろう。

【⬇第二章P46からの演習問題で、平仮名の字母を徹底攻略しよう】

第二章

「あ」から「ん」までをガイド

くずし字の平仮名を徹底攻略する

ここから本格的にくずし字の世界に踏み込んでいく。

「あ」から「ん」までの48音のくずし字をレクチャーしていくが、似た字体のものが結構多く、一筋縄ではいかないだろう。

一気に覚えようとしないで、一歩一歩着実に身につけていけばいい。

この山さえ乗り越えれば、視界も広がるはずだ。

Point くずし字マストの109字をガイド

平仮名は漢字から派生している。「**あ**」「**い**」などの音を表すために、字音や字訓から漢字を選び、それを毛筆で書く際に字形をくずして平仮名にした。

ところが、同じ漢字（字母）から生まれた平仮名なのに、くずし方によって、まったく異なる字になってしまうから面倒だ。左の①と②は同じ「**多**」を字母とする仮名で「**た**」と読む。③と④も「**那**」からつくられた字で、読みは「**な**」――。

どちらかを覚えればいいということではなく、両方の習得が不可欠となる。なぜなら一つの文中で、①と②、③と④が混在することもごく普通だからだ。そのときの気分や筆運びによって、書き手は使い分けていた。くずし字の融通無碍な性格がわかると思う。

①

②

③

④

現在の平仮名は一音一字だが、くずし字では一音にいくつもの異体字（変体仮名）がある。「**る**」という音を表現するために、左の⑤（字母＝**留**）⑥（字母＝**累**）⑦（字母＝**流**）⑧（字母＝**類**）が用いられ、これらも書き手の意思で自由に選択され、字母の異なる同音が文中に混在もする。

その一方で字母は別なのに、くずした結果、そっくりな字形になることもある。⑨は「**幾**」をくずした「**き**」で、⑩は「**遣**」を字母とする「**け**」だ。⑪「**希**」（け）のくずし字と⑫「**布**」（ふ）も酷似する。

その意味で、くずし字をマスターするためには、一字一字を記憶する必要があるのだ。この第二章は頑張りどころである。とはいえ、一度で暗記しようとしても、どだいムリな話。本書にあるドリルや第四章に掲載した文章に何回も取り組むうちに、いつしか身に着いていくものである。

新しい世界に飛び込むつもりで、気楽に、気軽に進めていっていただきたい。のたくった文字が並ぶ意味不明の文章が、やがて血の通ったものに感じられるはずだ。

以下、**「あ」から「ん」までの48音のくずし字を解説していく。江戸時代の代表的な平仮名を集め、収録した異体字は１０９種で、くずし字総数は２２１字体になる。**一般庶民向けにつくられた文章なら、十分に読みこなせる数といっていい。

⑤

⑥

⑦

⑧

⑨

⑩

⑪

⑫

〈あ行〉

[あ]

もとになった漢字　安　阿

安＝

阿＝

[い]

もとになった漢字　以　伊w

以＝

伊＝

[う]

もとになった漢字　宇

宇＝

あ行「**あいうえお**」の字母は、今の現用字体のもとにもなった「**安以宇衣於**」に、「**あ**」に「**阿**」、「**い**」に「**伊**」、「**え**」に「**江**」が加わる。

字母は漢字の音訓から選ばれたが、このなかでは「**衣**」が「**い**」の字母だと間違える人がいるかもしれない。衣服の「**い**」ではなく、衣紋掛《えもんか》けの「**え**」と覚えよう。

「**於**」は今ではあまり使われなくなった字だ。本書であつかう「**お**」の字母はこの字しかないので、ここでしっかり記憶したい。

［え］ もとになった漢字　衣　江

衣＝

江＝

［お］ もとになった漢字　於

於＝

〈か行〉

［か］ もとになった漢字　加　可　閑

加＝

あ行のくずし字では、「衣」の３タイプに注目を。くずされると字形が変わる見本でもあった。

か行「**かきくけこ**」はやや複雑なので、心して取りかかってほしい。「**加幾久計己**」が現用字体のもとになった字母だが、これらを

可＝
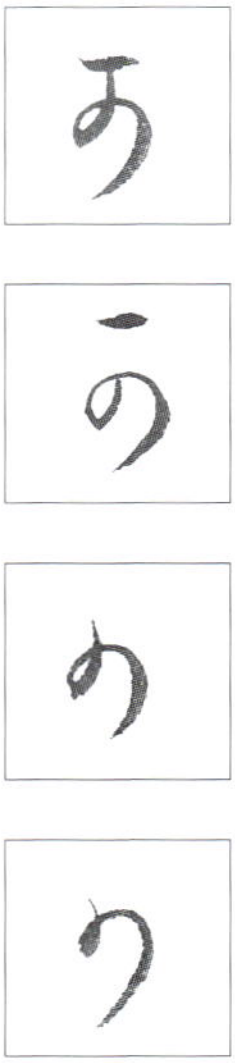

閑＝

【き】もとになった漢字　幾　起　支

幾＝

起＝
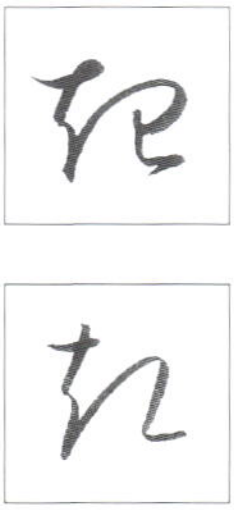

支＝
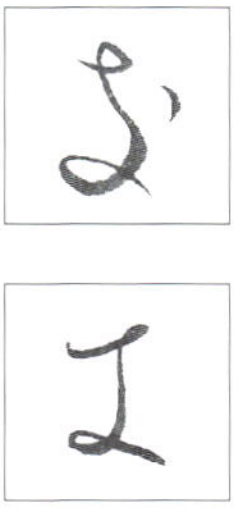

【く】もとになった漢字　久　具

久＝
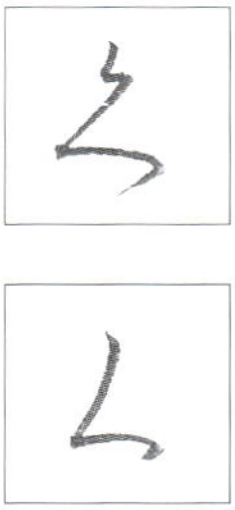

具＝
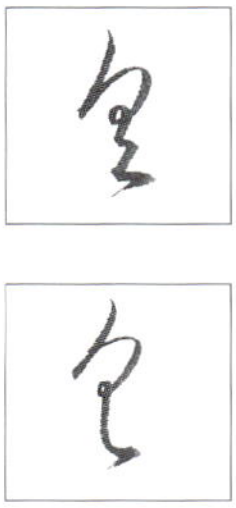

「**かきくけこ**」と読むのに、それほど違和感はないはずだ。

　ここに変体仮名として加わるのが、「**か**」では「**可**」と「**閑**」。「**可**」はいいとして、問題は「**閑**」だろう。閑散としているの「かん」から「か」と記憶すればいい。

「**き**」には変体仮名の「**起**」と「**支**」が入ってくる。だが、「支」は今の音では「し」で、なかなか「き」とは読めない。しかし、くずし字では「**き**」であり、お約束として暗記する必要がある。「**く**」には変体仮名「**具**」もある。「ぐ」と読みたいのをぐっとこらえ、「**く**」と読むべし。

【け】

もとになった漢字　計　介　遺　希

計＝

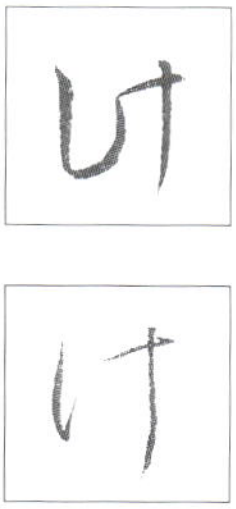

介＝

遺＝

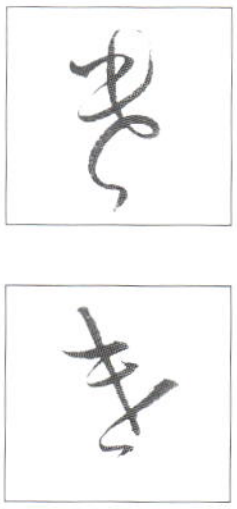

希＝

【こ】

もとになった漢字　己　古

己＝

古＝

か行の攻略の山場は「**け**」だ。「**計**」に変体仮名「**介**」「**遺**」「**希**」の三字が加わり、都合四字になる。「**希**」は希有《けう》の「**け**」、「遺」は遺唐使の「**けん**」と関連づけて覚えればいいが、「**介**」は「け」と結びつかない。が、「**け**」と丸暗記を。ちなみに、この「**介**　け」と「**支**　き」「**具**　く」は中国古代の読みだという。「**こ**」には現用仮名「**己**」と変体仮名「**古**」があるが、こちらはともに問題なく読めるだろう。

か行のくずし字では、まず「可」の四字、「遺」の二字、「己」の三字にチェックを入れよう。

〈さ行〉

［さ］ もとになった漢字　左　佐

左＝  

佐＝  

［し］ もとになった漢字　之　志

之＝  

志＝  

［す］ もとになった漢字　寸　春　寿　須

寸＝ 

春＝  

さ行「**さしすせそ**」は「**左之寸世曽**」が現用字体。このなかでは「**之**」が読みにくい。名前では「ゆき」などと読ませるが、実は音読みが「**し**」だった。

「**さ**」には変体仮名「**佐**」、「**し**」にも「**志**」がラインナップされる。ともに読みは問題ないだろう。

「**す**」は変体仮名三字が加わるが、「**須**」と寿司の「**寿**」はいいとして、なぜ「**春**」が「す」になるのか。誰もが疑問に感じるはずだ。「**春**」の**音読みは「しゅん」で、それが「す**

寿＝

須＝

[せ]

もとになった漢字　世　勢

世＝

勢＝

[そ]

もとになった漢字　曽　楚

曽＝

楚＝

「ん」に変化し、やがて「ん」が取れて「す」になったとされる。この「**春　す**」は頻出語だけに、頭に叩き込んでおきたい。

変体仮名「**勢**」が増える「**せ**」。「**そ**」にも変体仮名「**楚**」が入るが、ともに字母の読みとして、納得できるものだろう。

さ行のくずし字では、「**春**」に見られるように、字母から大幅に字形が変化しているものが多い。目で覚えようとしないで、手を動かして筆路を確かめながら記憶するのが大切。

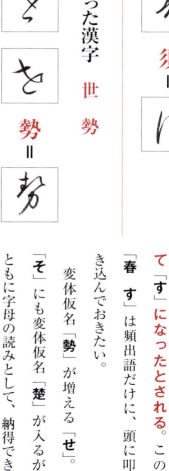

〈た行〉

［た］ もとになった漢字　太　多　堂

太＝

多＝

堂＝

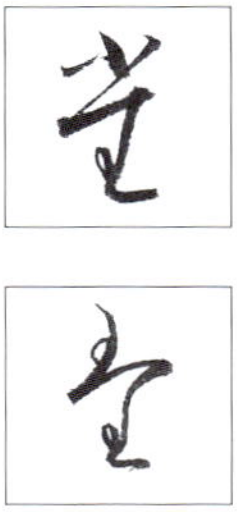

［ち］ もとになった漢字　知　千

知＝

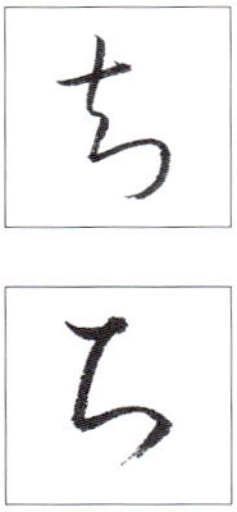

千＝

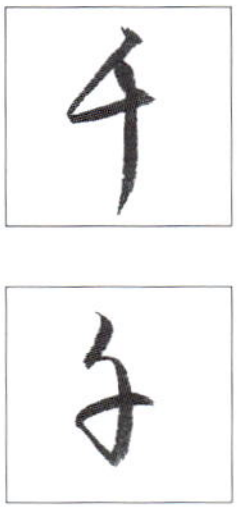

た行「**たちつてと**」は、現用字体「**太知川天止**」に、それぞれ変体仮名が加わる。

まずは「**太知川天止**」だが、「**太**」「**知**」「**止**」は字母としてすんなり読めるが、えっと思うのが「**川**」だろう。私たちが使っている「**つ**」の字母が「川」だったとは……。古代中国の発音からきているそうだ。

なお、「**て**」については、「**天**」から「ん」が取れたと覚えればいい。

変体仮名では、「**た**」には「**多**」と「**堂**」がある。**首を傾げるのは**

【つ】

もとになった漢字　川　徒　津

川＝

徒＝
津＝

【て】

もとになった漢字　天　亭

天＝
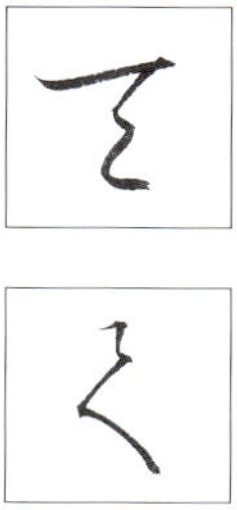

亭＝

「堂」の読みか。旧仮名遣いでは「だう」と書き、それが「たう」に変化して、やがて「う」がなくなって「た」になったと考えよう。

「ち」の変体仮名は「千」、「つ」には同じく「徒」と「津」が増える。

「徒」は音読みでは「と」だが、『徒然草《つれづれぐさ》』のように、かつては「つ」にあてていた。

「て」は現用字体「天」と変体仮名「亭」で構成されるが、「亭」を「てい」ではなく「て」と読むのも、くずし字のお約束の一つと心得よう。

「と」にも変体仮名「登」が入るが問題なく読めるはずである。

［と］

もとになった漢字　止　登

止＝

登＝

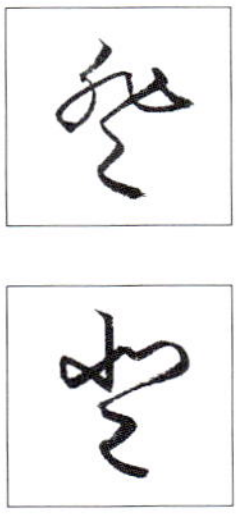

くずし字も、た行で半分近くにきている。種類の多さにうんざりする頃だが、めげずに頑張ろう。

〈な行〉

［な］

もとになった漢字　奈　那

奈＝

那＝

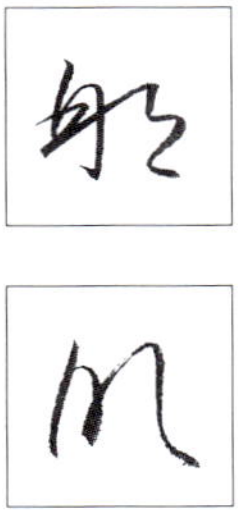

な行「**なにぬねの**」も異体仮名が多い。現用字体にもなった「**奈仁奴祢乃**」は、クセがあるが読みこなせないレベルではない。ちなみに「**奈　な**」は女性の名前に用いられ、「に」は「**仁**科」の「**に**」である。

【に】

もとになった漢字　仁　尔　耳　丹

仁＝

尔＝

耳＝

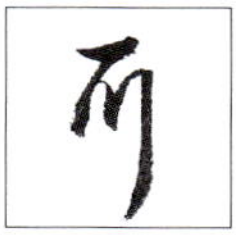

丹＝

【ぬ】

もとになった漢字　奴　怒

奴＝

怒＝

「**な**」の変体仮名には「**那**」があるが、「**那覇**」の「**な**」と覚えよう。「**に**」には変体仮名の「**丹塗り**」の「**に**」とともに、くせ者二字が控えている。「**尔**」は「じ」との音読みもあるが、くずし字ではもっぱら「**に**」である。この「**尔**」**は頻度の高い字で、くずし字の三種の字形をしっかり頭に入れておきたい。**

「**に**」のもう一つのくせ者は「**耳**」で、現代の音読みでは「じ」となっている。だが、かつては「**に**」と読んでいた。48音でも難読の部類に属し、これも古代中国読みからだ。なお、「**耳　に**」のくずし字は、文中

［ね］

もとになった漢字　祢　年

祢＝
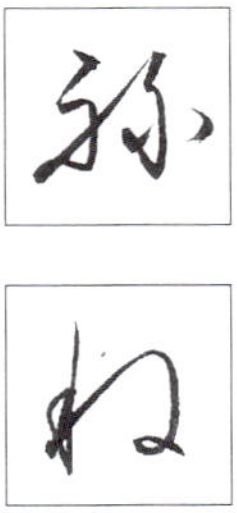

年＝
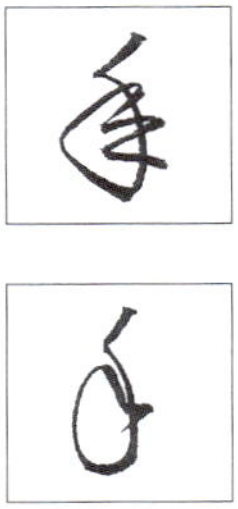

［の］

もとになった漢字　乃　能　農

乃＝
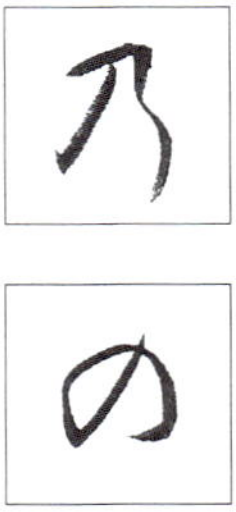

能＝
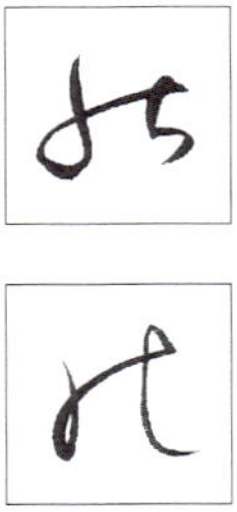

農＝

で比較的大きく書かれることが多い。「**ぬ**」には変体仮名「**怒**」もある。「ど」と読まず、「憤《ふん》怒《ぬ》」の「**ぬ**」と読もう。

次の「**ね**」にも「**年**」が入る。くずし字では「ん」が取れることがよくあるが、これもそのパターンだと認識し、「**ね**」と読解すること。

ラストの「**の**」は現用字体「**乃**」とともに、「**能**」「**農**」の三字で構成される。「能」「農」は、ともに「**の**う」の頭一音だと記憶すればいい。

くずし字では「な」「に」「の」に重要字体があり、な行はここらあたりから重点的に攻めていこう。

〈は行〉

「は」

もとになった漢字　波　者　盤　八

波＝　者＝　盤＝　八＝

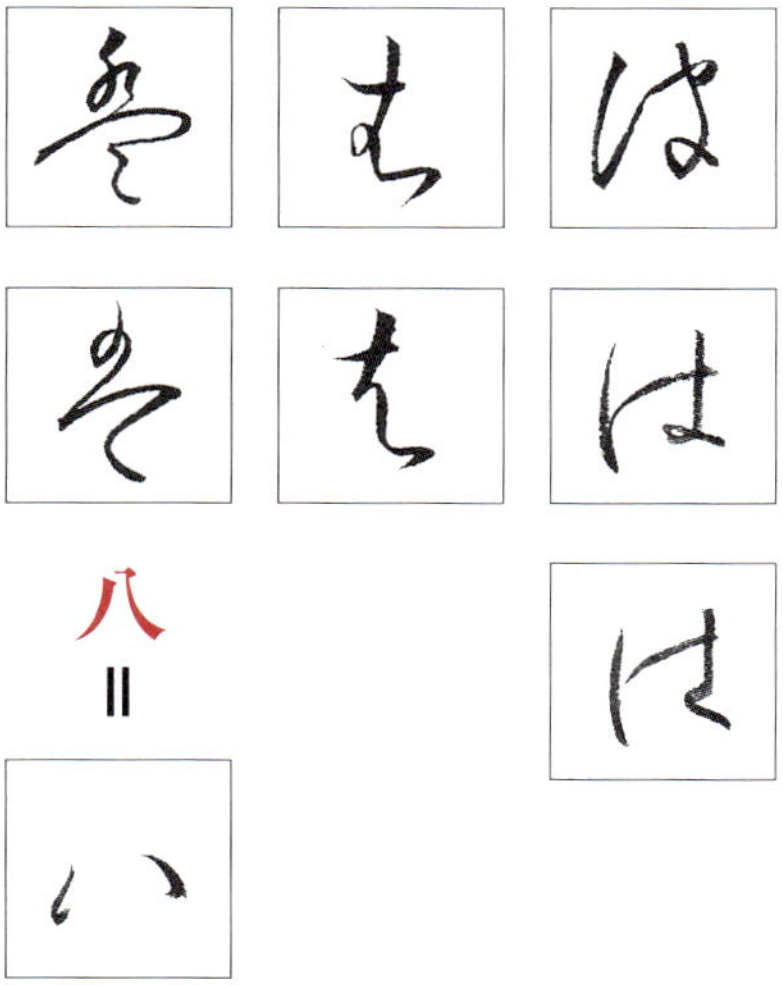

「**はひふへほ**」のは行も心してかかってほしい。

まずは現用字体のもとにもなった「**波比不部保**」から。「**部**」以外は得心できる漢字の配置だろう。「**部**」も「**部**屋」の「**へ**」とわかれば、すんなり腑に落ちる。

以下、各字に加わる変体仮名だ。「**は**」には「**者**」「**盤**」「**八**」の三種の変体仮名がある。「**八**」はいいとして、「**者**」と「**盤**」が「は」とは読めないだろう。ことに「**者**」は、登場頻度が高い字だけに無視もでき

［ひ］

もとになった漢字　**比**　**飛**

比＝

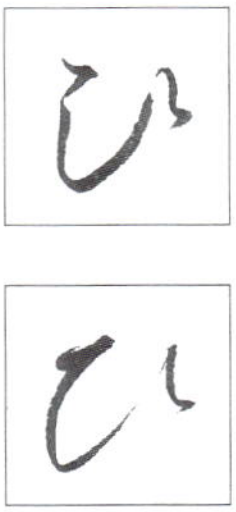

飛＝

［ふ］

もとになった漢字　**不**　**婦**　**布**

不＝

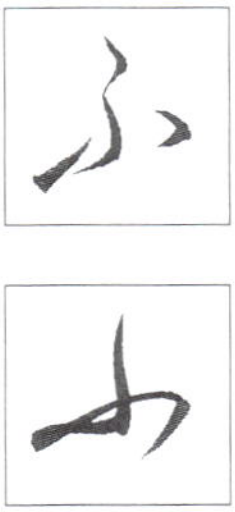

婦＝

布＝

ない。「**春す**」「**堂た**」「**川つ**」「**耳に**」「**者は**」**も理屈抜きで記憶するしかない字だ。**

ちなみに、「**盤**」は「ばん」→「はん」→「**は**」になった。源義経の母の常盤《ときわ》（旧仮名遣いで「**ときは**」）の「**盤**」で覚えよう。

「**ひ**」には「**飛**」、「**ふ**」には「**婦**」と「**布**」もある。いずれも音読みで問題ないはず。

　さて、「**へ**」には「お遍路さん」の「**遍**」。また「**ほ**」には「**本**」もあるが、「**遍**」「**本**」ともに今の音読みから「ん」が取れている。

は行のくずし字は、「**者**」「**飛**」「**本**」

【へ】

もとになった漢字　部　遍

部＝

遍＝

【ほ】

もとになった漢字　保　本

保＝

本＝

のように、字母から大きく字形をくずす字が目立つ。一方、「婦」や「遍」のように、他とはフォルムが異なる字形もあり、この二字は比較的頭に入りやすいのではないか。

［ま］　もとになった漢字　末　万　満

末＝

万＝

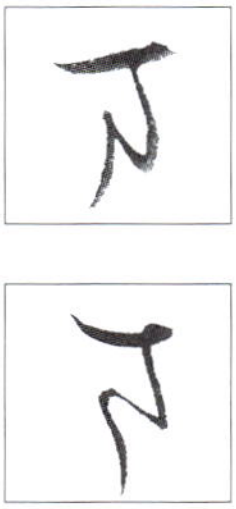

満＝

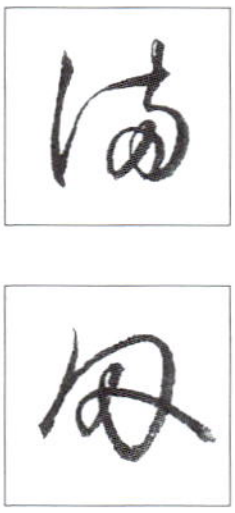

［み］　もとになった漢字　美　三

美＝

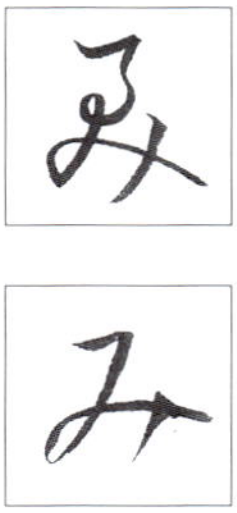

三＝

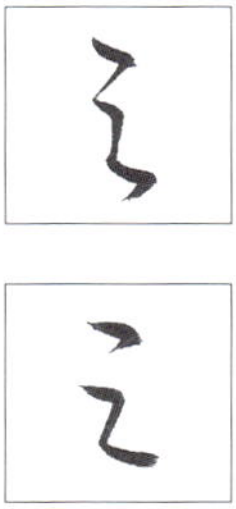

ま行「**まみむめも**」の字母の読みは比較的楽だ。

まずは現用字体にもなっている「**末美武女毛**」から。「**ま**」の「**末**」は末尾の「つ」が取れて「まつ→**ま**」、美作《みまさか》や美濃《みの》といった地名に残る「**み**」、武蔵《むさし》の「**む**」、女滝《めだき》の「**め**」、毛根の「もう→**も**」である。これならに読めるレベルで、一安心といったところだろう。

変体仮名では、「**ま**」に「**万**」と「**満**」が入ってくる。どちらも今の音読みから「ん」がないだけだ。さ

【む】

もとになった漢字　武　無

武＝

無＝

【め】

もとになった漢字　女　免

女＝

免＝

【も】

もとになった漢字　毛　茂

毛＝

茂＝

らに「**み**」の変体仮名「**三**」、「**む**」の「**無**」、「**も**」の「**茂**」も音読みどおりだ。だが、「**め**」の変体仮名「**免**」だけは音読みの「めん」から「ん」が取れていた。

ま行のくずし字では「万」「満」が重要語。また、実際の文章では、「毛」もくずされ方によって読みにくくなるのでチェックを入れておこう。ちなみに、「**三**」は小さく書かれることがあって、見過ごしやすい。字形が簡単だからと、おざなりにしないこと。

〈や行〉

[や] もとになった漢字　也　屋

也＝

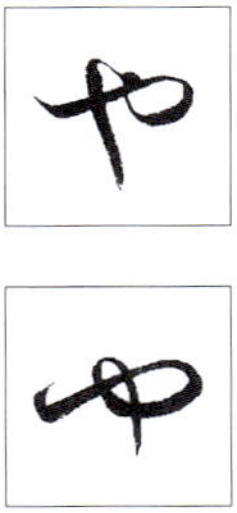

屋＝

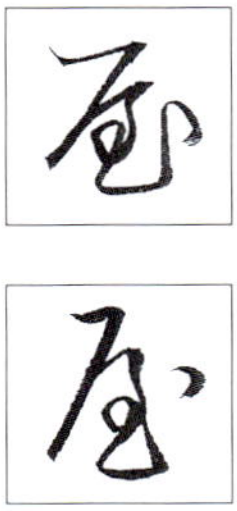

[ゆ] もとになった漢字　由　遊

由＝

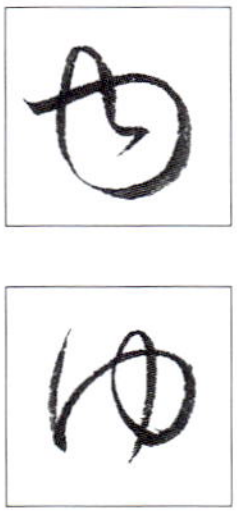

遊＝

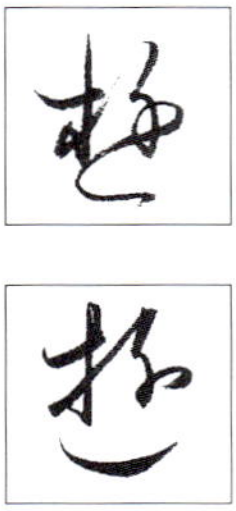

[よ] もとになった漢字　与

与＝

　や行「**やゆよ**」は三字である。

現用字体として今に残るのは「**也由与**」で、男性の名前に用いられる「**也**」の「**や**」ほか、「**由**々しき」の「**ゆ**」、「**与**奪」の「**よ**」と楽勝だろう。

　変体仮名は「**や**」に「**屋**」があり、くずし字は**尸**（しかばね冠）の下の「**至**」が「**む**」のように書かれるので覚えやすい。店の看板に使われることもあり、どこかで目にしているかもしれない。「**ゆ**」の変体仮名は「**遊**」である。「遊行《ゆぎょう》」「遊山《ゆさん》」の「**ゆ**」で、文章での登場頻度は少なく、忘れた頃にひょっこり出てくる。

さて「**よ**」の字母は「**与**」**一つだが、くずし字三態を見てもらえばわかるように、字形がかなり変化する。「支　き」「尓　に」などと間違いやすく、要注意物件と認識してほしい。**

〈ら行〉

【ら】もとになった漢字　良　羅

良＝

羅＝

ら行「**らりるれろ**」は、変体仮名の種類が多い。

「**良利留礼呂**」が私たちの使う現用字体の字母で、当然ながら、これらはくずし字でも用いられる。

まずは「**良**」だが、これを演習問

【り】もとになった漢字　利　里

利＝

里＝
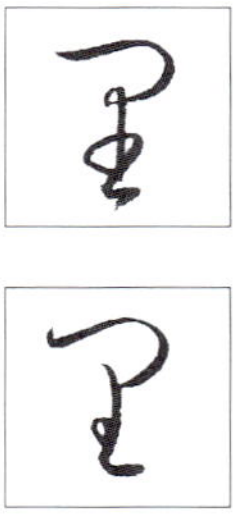

【る】もとになった漢字　留　累　流　類

留＝
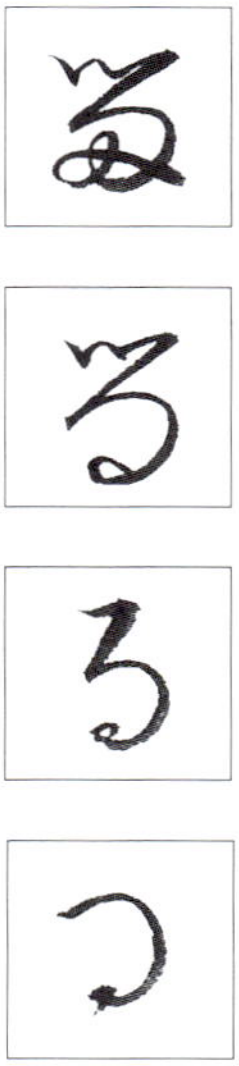

累＝

流＝
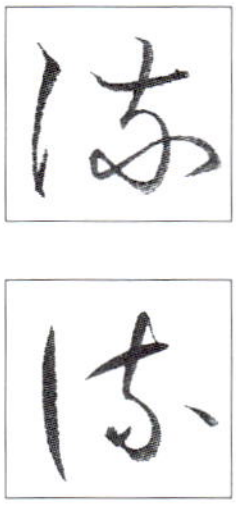

類＝
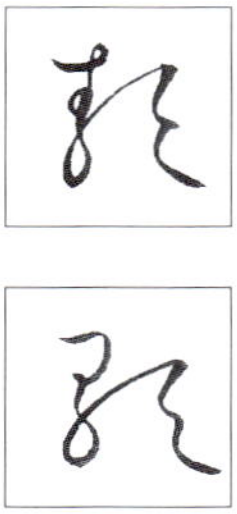

題で「**ら**」と躊躇なく読めるようになれば、順調に学習が進んでいる証しである。「**野良犬**」の「**ら**」で、ここで一気に覚えてしまおう。

「**利**」「**留**」「**呂**」はそのまま音読みすればよく、「**礼**」は音読み「れい」から「い」を取って「**れ**」。

変体仮名では、「**ら**」に「**羅**」が加わる。日常生活ではあまり見かけない字だが、「**羅針盤**」「**羅漢**」の「**ら**」だ。「**り**」には「**里**」の変体仮名もある。「一**里**《いちり》」の「**り**」で、読みは問題ないはず。

で、気を入れて臨んでほしいのが「**る**」である。変体仮名「**累**」「**流**」

【れ】

もとになった漢字　**礼（禮）　連**

礼＝

連＝

【ろ】

もとになった漢字　**呂　路**

呂＝

路＝

「**類**」の三字が増えて、都合四字となる。「**流**人《るにん》」「配**流**《はいる》」の「**る**」、「**累**」「**類**」は「るい→**る**」で覚えればいい。**実際の文章では、「留」だけでなく、「累」「流」「類」が混用されるのだから厄介というしかない。くずし字攻略のポイントの一つといえる。**

「**れ**」には「**連**」の変体仮名もある。この「連」のくずし字は「幾」とも似ているので、セットで覚えると効果的である。

ら行の最後の「**ろ**」には「**路**」の変体仮名もある。「**路**上」「真実一**路**」の「ろ」。登場頻度は低いが、ぜひマスターしておきたい。

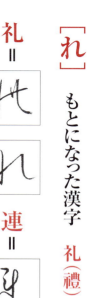

〈わ行〉

[わ]

もとになった漢字　和　王

和＝

王＝

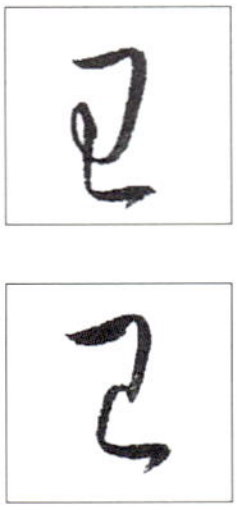

[ゐ]

もとになった漢字　為　井

為＝

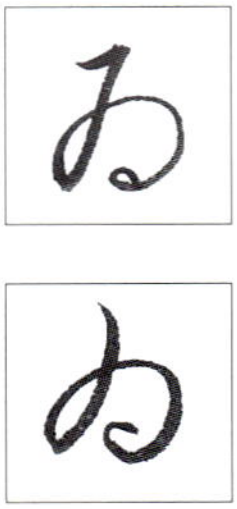

井＝

わ行は「**わゐゑを**」の四字で、「**ん**」を合わせて五字で説明していく。で、「**和為恵遠无**」が現用字体にもなっている字母だ。今では「為」の「**ゐ**」、「**恵**」の「**ゑ**」が馴染の薄い字になっているが、旧仮名遣いのくずし字では、しばしば登場するワードである。

さて「**を**」の字母「**遠**」は、「**遠**《おん》国《ごく》」の「おん」から「ん」がなくなった例のパターン。この「**遠**」が、現在、私たちが使う「**を**」のルーツだと知っている人は少ないだろう。

【ゑ】 もとになった漢字 恵 衛

恵＝

衛＝

【を】 もとになった漢字 遠 越

遠＝

越＝

【ん】 もとになった漢字 无

无＝

48音最後の「**ん**」には、「**无**」の字があてられる。平安時代にはなかった仮名だ。単独では「**む**」「**ぶ**」と読むが、学校では習わない漢字で、はじめて見た人がほとんどのはず。

わ行の変体仮名だが、「**わ**」の異体字は「**王**」である。「王」の中国読みが「わん」であり、「ん」がとれて——というあのお約束から。

その他の字の変体仮名としては、「**ゐ**」に「**井**」、「**ゑ**」に「**衛**」。また「**を**」には「**越**」もあり、この「越」は頻出字である。「**越**」は姓の「**越智**《おち》」の「**お**」で、いつしか「お」から「**を**」に変化していった。

COLUMN

読解の必須42文字をマスターする

現用仮名と変体仮名の字体に加え、それぞれのくずし方を変えた字体がどっさり。一度で頭に入れられる人はまずいないだろう。

字体を眺めるだけでなく、実際に紙に書き出すと覚えやすい。その際、筆路、筆順を確認しながら書くこと。昔の人は筆順を守ってくずしていた。書くと漢字からのくずし方が理解できるだけでなく、似た字とのちがいも見えてくる。

習得にはある程度時間も必要だ。本書のドリルや第四章の文章に取り組むときには、わかる字から読み、読めなかった箇所は巻末にある「48音くずし字」一覧で確認し、読める字をこつこつと増やしていくのが常道といえる。何度も一覧を見返す字があれば、それが自分にとっての難字で、苦手を意識すれば逆に身につくものである。

とはいえ、当初から確実にマスターしておきたいという字体もある。少々数は多いが、次のページに示した42字がそれ。いずれも初心者には読みにくく、覚えにくくてつまずきやすい字だ。

比較的登場頻度の高い字でもある。これさえマスターしてしまえば、以後の進歩は格段に速くなる。そう思い頑張って習得しよう。

① 可 か
② 具 く
③ 介 け
④ 古 こ
⑤ 佐 さ
⑥ 春 す
⑦ 春 す
⑧ 須 す
⑨ 多 た
⑩ 徒 つ
⑪ 徒 つ
⑫ 登 と
⑬ 登 と
⑭ 奈 な
⑮ 尓 に
⑯ 尓 に
⑰ 尓 に
⑱ 耳 に
⑲ 耳 に
⑳ 能 の
㉑ 能 の
㉒ 農 の
㉓ 者 は
㉔ 者 は
㉕ 盤 は
㉖ 盤 は
㉗ 飛 ひ
㉘ 飛 ひ
㉙ 遍 へ
㉚ 遍 へ
㉛ 本 ほ
㉜ 本 ほ
㉝ 万 ま
㉞ 満 ま
㉟ 里 り
㊱ 里 り
㊲ 連 れ
㊳ 連 れ
㊴ 王 わ
㊵ 王 わ
㊶ 越 を
㊷ 越 を

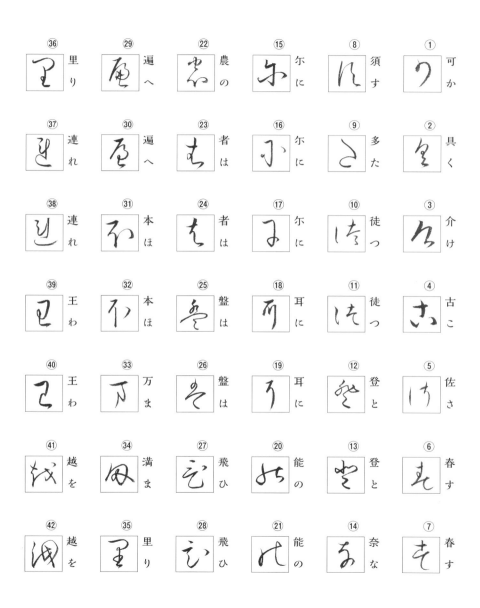

演習問題

覚えるためにドリルを繰り返す

「あ」から「ん」までの48音について、その字母とくずし字を紹介してきた。

ところで、次の文字は何と読むか？

「**寸末保**」続いて「**須万本**」

どちらも「**すまほ**」だが、前者は現在の平仮名のもとになった現用字体、後者は今では使われなくなった変体仮名の字母による読みである。

では次の質問、「**婦年耳農流**」は――？

変体仮名の字母で問題をつくってみた。答えは「**ふねにのる**」。現用仮名の字母は比較的楽だろうが、慣れないだけに変体仮名の字母は読みにくい。

くずし字を読むためには、変体仮名を含め、48音の字母を頭に入れておくことが極めて重要だ。大きくくずされても、字母から推し量れるからである。そのためには演習問題をこなし、理解できていない字を確認しながら攻略していこう。なお、問題を解くとき、巻末の「くずし字」一覧を見ながらでもかまわない。それも一つの習得法。そのうち、見なくても問題が解けるようになる。

問題1

◆次の平仮名に対応する漢字を［　］のなかから選ぼう。

①い（　　）　②ろ（　　）　③は（　　）　④に（　　）　⑤ほ（　　）
⑥へ（　　）　⑦と（　　）　⑧ち（　　）　⑨り（　　）　⑩ぬ（　　）
⑪る（　　）　⑫を（　　）　⑬わ（　　）　⑭か（　　）　⑮よ（　　）
⑯た（　　）　⑰れ（　　）　⑱そ（　　）　⑲つ（　　）　⑳ね（　　）

［和 奴 礼 知 呂 祢 加 止 仁 太 波 曽 部 留 川 与 以 利 遠 保］

【解答】
①以 ②呂 ③波 ④仁 ⑤保 ⑥部 ⑦止 ⑧知 ⑨利 ⑩奴
⑪留 ⑫遠 ⑬和 ⑭加 ⑮与 ⑯太 ⑰礼 ⑱曽 ⑲川 ⑳祢

問題2

◆次の平仮名に対応する漢字を［　］のなかから選ぼう。

①な（　　）　②ら（　　）　③む（　　）　④う（　　）　⑤ゐ（　　）
⑥の（　　）　⑦お（　　）　⑧く（　　）　⑨や（　　）　⑩ま（　　）
⑪け（　　）　⑫ふ（　　）　⑬こ（　　）　⑭え（　　）　⑮て（　　）
⑯あ（　　）　⑰さ（　　）　⑱き（　　）　⑲ゆ（　　）　⑳め（　　）

［女 宇 不 天 奈 末 衣 由 乃 左 計 為 幾 己 也 武 久 安 良 於］

【解答】
①奈 ②良 ③武 ④宇 ⑤為 ⑥乃 ⑦於 ⑧久 ⑨也 ⑩末
⑪計 ⑫不 ⑬己 ⑭衣 ⑮天 ⑯安 ⑰左 ⑱幾 ⑲由 ⑳女

問題3

◆次の平仮名に対応する漢字を［　］のなかから選ぼう。

①み（　　）　②し（　　）　③ゑ（　　）　④ひ（　　）　⑤も（　　）

⑥せ（　　）　⑦す（　　）　⑧ん（　　）　⑨あ（　　）　⑩い（　　）

⑪う（　　）　⑫え（　　）　⑬お（　　）　⑭か（　　）　⑮き（　　）

⑯く（　　）　⑰け（　　）　⑱こ（　　）　⑲さ（　　）　⑳し（　　）

［寸　古　阿　介　佐　江　起　於　志　宇　无　伊　毛　美　之　具　可　比　恵　世］

【解答】
①美　②之　③恵　④比　⑤毛　⑥世　⑦寸　⑧无　⑨阿　⑩伊
⑪宇　⑫江　⑬於　⑭可　⑮起　⑯具　⑰介　⑱古　⑲佐　⑳志

問題4

◆次の平仮名に対応する漢字を［　］のなかから選ぼう。

①す（　　）　②せ（　　）　③そ（　　）　④た（　　）　⑤ち（　　）

⑥つ（　　）　⑦て（　　）　⑧と（　　）　⑨な（　　）　⑩に（　　）

⑪ぬ（　　）　⑫ね（　　）　⑬の（　　）　⑭は（　　）　⑮ひ（　　）

⑯ふ（　　）　⑰へ（　　）　⑱ほ（　　）　⑲ま（　　）　⑳み（　　）

［千　能　那　婦　三　亭　者　多　尓　万　飛　春　本　楚　徒　登　遍　怒　勢　年］

【解答】
①春　②勢　③楚　④多　⑤千　⑥徒　⑦亭　⑧登　⑨那　⑩尓
⑪怒　⑫年　⑬能　⑭者　⑮飛　⑯婦　⑰遍　⑱本　⑲万　⑳三

問題5

◆次の平仮名に対応する漢字を［ ］のなかから選ぼう。

①む（ ） ②め（ ） ③も（ ） ④や（ ） ⑤ゆ（ ）
⑥よ（ ） ⑦ら（ ） ⑧り（ ） ⑨る（ ） ⑩れ（ ）
⑪ろ（ ） ⑫わ（ ） ⑬を（ ） ⑭ん（ ） ⑮き（ ）
⑯け（ ） ⑰け（ ） ⑱す（ ） ⑲す（ ） ⑳た（ ）
㉑つ（ ） ㉒に（ ） ㉓に（ ） ㉔の（ ） ㉕は（ ）
㉖は（ ） ㉗ふ（ ） ㉘ま（ ） ㉙る（ ） ㉚る（ ）

［盤 流 遺 里 羅 丹 累 耳 連 無 路 須 類 王 希 免
満 遊 農 津 屋 越 寿 无 茂 支 与 布 八 堂］

【解答】

①無 ②免 ③茂 ④屋 ⑤遊 ⑥与 ⑦羅 ⑧里 ⑨累 流 類のいずれか
⑩連 ⑪路 ⑫王 ⑬越 ⑭无 ⑮支 ⑯遺 希のいずれか ⑰遺 希のいずれか
⑱寿 須のいずれか ⑲寿 須のいずれか ⑳堂 ㉑津 ㉒耳 丹のいずれか ㉓耳 丹のいずれか
㉔農 ㉕盤 八のいずれか ㉖盤 八のいずれか ㉗布 ㉘満 ㉙累 流 類のいずれか
㉚累 流 類のいずれか

問題6

◆次の漢字に対応する平仮名は何？

①遍（　　）　②農（　　）　③天（　　）　④安（　　）　⑤久（　　）

⑥知（　　）　⑦己（　　）　⑧利（　　）　⑨之（　　）　⑩奈（　　）

⑪堂（　　）　⑫希（　　）　⑬於（　　）　⑭以（　　）　⑮保（　　）

⑯路（　　）　⑰可（　　）　⑱伊（　　）　⑲王（　　）　⑳世（　　）

【解答】
①へ　②の　③て　④あ　⑤く　⑥ち　⑦こ　⑧り　⑨し　⑩な
⑪た　⑫け　⑬お　⑭い　⑮ほ　⑯ろ　⑰か　⑱い　⑲わ　⑳せ

問題7

◆次の漢字に対応する平仮名は何？

①登（　　）　②奴（　　）　③仁（　　）　④阿（　　）　⑤須（　　）

⑥支（　　）　⑦津（　　）　⑧三（　　）　⑨計（　　）　⑩呂（　　）

⑪左（　　）　⑫里（　　）　⑬川（　　）　⑭尓（　　）　⑮春（　　）

⑯八（　　）　⑰飛（　　）　⑱末（　　）　⑲佐（　　）　⑳太（　　）

【解答】
①と　②ぬ　③に　④あ　⑤す　⑥き　⑦つ　⑧み　⑨け　⑩ろ
⑪さ　⑫り　⑬つ　⑭に　⑮す　⑯は　⑰ひ　⑱ま　⑲さ　⑳た

問題8

◆次の漢字に対応する平仮名は何?

①不（　　）　②屋（　　）　③怒（　　）　④起（　　）　⑤毛（　　）
⑥曽（　　）　⑦耳（　　）　⑧也（　　）　⑨類（　　）　⑩礼（　　）
⑪由（　　）　⑫良（　　）　⑬古（　　）　⑭満（　　）　⑮多（　　）
⑯丹（　　）　⑰盤（　　）　⑱万（　　）　⑲介（　　）　⑳遊（　　）

【解答】
①ふ　②や　③ぬ　④き　⑤も　⑥そ　⑦に　⑧や　⑨る　⑩れ
⑪ゆ　⑫ら　⑬こ　⑭ま　⑮た　⑯に　⑰は　⑱ま　⑲け　⑳ゆ

問題9

◆次の漢字に対応する平仮名は何?

①羅（　　）　②遣（　　）　③者（　　）　④部（　　）　⑤美（　　）
⑥比（　　）　⑦婦（　　）　⑧止（　　）　⑨留（　　）　⑩連（　　）
⑪宇（　　）　⑫波（　　）　⑬越（　　）　⑭布（　　）　⑮寿（　　）
⑯无（　　）　⑰与（　　）　⑱那（　　）　⑲勢（　　）　⑳衣（　　）

【解答】
①ら　②け　③は　④へ　⑤み　⑥ひ　⑦ふ　⑧と　⑨る　⑩れ
⑪う　⑫は　⑬を　⑭ふ　⑮す　⑯ん　⑰よ　⑱な　⑲せ　⑳え

問題10 ◆次の漢字に対応する平仮名は何？

①閑（　　）　②無（　　）　③茂（　　）　④千（　　）　⑤免（　　）

⑥具（　　）　⑦徒（　　）　⑧江（　　）　⑨流（　　）　⑩武（　　）

⑪亭（　　）　⑫楚（　　）　⑬祢（　　）　⑭能（　　）　⑮女（　　）

⑯年（　　）　⑰志（　　）　⑱累（　　）　⑲本（　　）　⑳幾（　　）

【解答】

①か　②む　③も　④ち　⑤め　⑥く　⑦つ　⑧え　⑨る　⑩む

⑪て　⑫そ　⑬ね　⑭の　⑮め　⑯ね　⑰し　⑱る　⑲ほ　⑳き

問題11 ◆漢字を仮名に直そう。

①阿支波具留（　　）
③波奈尓保比（　　）
⑤加之己末利天（　　）
⑦武祢止之天（　　）
⑨者之免与利（　　）
⑪阿之幾（　　）
⑬美川可流（　　）
⑮徒止女天（　　）
⑰奈良无也（　　）
⑲与呂己飛（　　）
㉑川三乃武久比（　　）
㉓不宇婦（　　）
㉕春奈八知（　　）
㉗春三与之農宇良（　　）
㉙末毛利多太可不（　　）

②以止与波幾（　　）
④毛止女武尓（　　）
⑥幾川流奈里（　　）
⑧婦留起（　　）
⑩末那不（　　）
⑫者也久（　　）
⑭毛乃盤（　　）
⑯己止春久那之（　　）
⑱王左尓天（　　）
⑳末宇遣介利（　　）
㉒安左末之（　　）
㉔久知於之幾（　　）
㉖以可加安留部幾（　　）
㉘可那之支与比波（　　）
㉚美類部幾茂能（　　）

【解答】
①あきはくる ②いとよはき ③はなにほひ ④もとめむに ⑤かしこまりて ⑥きつるなり ⑦むねとして ⑧ふるき
⑨はしめより ⑩まなふ ⑪あしき ⑫はやく ⑬みつかる ⑭ものは ⑮つとめて ⑯ことすくなし ⑰ならんや ⑱わさにて
⑲よろこひ ⑳まうけけり ㉑つみのむくひ ㉒あさまし ㉓ふうふ ㉔くちおしき ㉕すなはち ㉖いかかあるへき
㉗すみよしのうら ㉘かなしきよひは ㉙まもりたかふ ㉚みるへきもの

問題12

◆次の文字の読みを書いて、その字母を［　］のなかから選ぼう。

① （　　）（　　）
② （　　）（　　）
③ （　　）（　　）
④ （　　）（　　）
⑤ （　　）（　　）
⑥ （　　）（　　）
⑦ （　　）（　　）
⑧ （　　）（　　）
⑨ （　　）（　　）
⑩ （　　）（　　）

［介　八　志　無　屋　登　万　尓　利　奈］

【解答】　①に　尓　②や　屋　③し　志　④ま　万　⑤な　奈　⑥り　利　⑦む　無　⑧け　介　⑨と　登　⑩は　八

問題13

◆次の文字の読みを書いて、その字母を［　］のなかから選ぼう。

① （　　）（　　）
② （　　）（　　）
③ （　　）（　　）
④ （　　）（　　）
⑤ （　　）（　　）
⑥ （　　）（　　）
⑦ （　　）（　　）
⑧ （　　）（　　）
⑨ （　　）（　　）
⑩ （　　）（　　）

［者　連　支　楚　曽　耳　春　王　徒　路］

【解答】　①す　春　②わ　王　③そ　曽　④れ　連　⑤つ　徒　⑥そ　楚　⑦は　者　⑧に　耳　⑨ろ　路　⑩き　支

問題14

◆次の文字の読みを書いて、その字母を［ ］のなかから選ぼう。

①  （　　）
②  （　　）
③  （　　）
④  （　　）
⑤  （　　）
⑥  （　　）
⑦  （　　）
⑧  （　　）
⑨  （　　）
⑩  （　　）

［恵 具 乃 天 世 於 不 遠 和 止］

【解答】 ①わ 和 ②と 止 ③お 於 ④を 遠 ⑤て 天 ⑥く 具 ⑦せ 世 ⑧ふ 不 ⑨ゑ 恵 ⑩の 乃

問題15

◆次の文字の読みを書いて、その字母を［ ］のなかから選ぼう。

①  （　　）
②  （　　）
③  （　　）
④  （　　）
⑤  （　　）
⑥  （　　）
⑦  （　　）
⑧  （　　）
⑨  （　　）
⑩  （　　）

［春 羅 流 者 遺 呂 佐 能 越 多］

【解答】 ①を 越 ②た 多 ③け 遺 ④ろ 呂 ⑤は 者 ⑥ら 羅 ⑦さ 佐 ⑧る 流 ⑨す 春 ⑩の 能

問題16

◆次の文字の読みを書いて、その字母を［　］のなかから選ぼう。

① （　　）

② （　　）

③ （　　）

④ （　　）

⑤ （　　）

⑥ （　　）

⑦ （　　）

⑧ （　　）

⑨ （　　）

⑩ （　　）

［幾　川　堂　左　那　奈　起　毛　飛　於］

【解答】　①ひ　飛　②た　堂　③さ　左　④き　幾　⑤き　起　⑥も　毛　⑦お　於　⑧な　奈　⑨つ　川　⑩な　那

問題17

◆次の文字の読みを書いて、その字母を［　］のなかから選ぼう。

① （　　）

② （　　）

③ （　　）

④ （　　）

⑤ （　　）

⑥ （　　）

⑦ （　　）

⑧ （　　）

⑨ （　　）

⑩ （　　）

［婦　阿　須　多　祢　可　安　加　己　波］

【解答】　①か　可　②こ　己　③た　多　④ね　祢　⑤は　波　⑥ふ　婦　⑦あ　安　⑧か　加　⑨す　須　⑩あ　阿

問題18

◆次の文字の読みを書いて、その字母を［　］のなかから選ぼう。

①  （　　）
②  （　　）
③  （　　）
④  （　　）
⑤  （　　）
⑥  （　　）
⑦  （　　）
⑧  （　　）
⑨  （　　）
⑩  （　　）

［尓 亭 久 本 伊 世 飛 多 知 寸］

【解答】 ①す 寸 ②く 久 ③ち 知 ④て 亭 ⑤い 伊 ⑥せ 世 ⑦た 多 ⑧に 尓 ⑨ひ 飛 ⑩ほ 本

問題19

◆次の文字の読みを書いて、その字母を［　］のなかから選ぼう。

①  （　　）
②  （　　）
③  （　　）
④  （　　）
⑤  （　　）
⑥  （　　）
⑦  （　　）
⑧  （　　）
⑨  （　　）
⑩  （　　）

［古 礼 年 遣 之 文 累 楚 寿 計］

【解答】 ①し 之 ②そ 楚 ③け 遣 ④す 寿 ⑤ね 年 ⑥き 支 ⑦け 計 ⑧こ 古 ⑨れ 礼 ⑩る 累

問題20

◆次の文字の読みを書いて、その字母を［　］のなかから選ぼう。

①  （　　）
②  （　　）
③  （　　）
④  （　　）
⑤  （　　）
⑥  （　　）
⑦  （　　）
⑧  （　　）
⑨  （　　）
⑩  （　　）

［盤　宇　介　津　衣　徒　農　布　本　勢］

【解答】　①せ　勢　②つ　津　③け　介　④の　農　⑤え　衣　⑥つ　徒　⑦は　盤　⑧ほ　本　⑨ふ　布　⑩う　宇

問題21

◆次の文字の読みを書いて、その字母を［　］のなかから選ぼう。

①  （　　）
②  （　　）
③  （　　）
④  （　　）
⑤  （　　）
⑥  （　　）
⑦  （　　）
⑧  （　　）
⑨  （　　）
⑩  （　　）

［可　類　越　与　遊　満　那　天　留　良］

【解答】　①ま　満　②ら　良　③を　越　④か　可　⑤て　天　⑥な　那　⑦ゆ　遊　⑧よ　与　⑨る　留　⑩る　類

問題22

◆次の文字の読みを書いて、その字母を［　］のなかから選ぼう。

①  （　）（　）
②  （　）（　）
③  （　）（　）
④  （　）（　）
⑤  （　）（　）
⑥  （　）（　）
⑦  （　）（　）
⑧  （　）（　）
⑨  （　）（　）
⑩  （　）（　）

［世　遍　免　以　之　閑　耳　年　希　登］

【解答】　①け　希　②か　閑　③ね　年　④へ　遍　⑤め　免　⑥い　以　⑦し　之　⑧せ　世　⑨と　登　⑩に　耳

問題23

◆次の文字の読みを書いて、その字母を［　］のなかから選ぼう。

①  （　）（　）
②  （　）（　）
③  （　）（　）
④  （　）（　）
⑤  （　）（　）
⑥  （　）（　）
⑦  （　）（　）
⑧  （　）（　）
⑨  （　）（　）
⑩  （　）（　）

［幾　毛　怒　満　保　江　尓　己　里　留］

【解答】　①え　江　②こ　己　③ぬ　怒　④も　毛　⑤り　里　⑥ほ　保　⑦る　留　⑧き　幾　⑨に　尓　⑩ま　満

COLUMN

東京浅草周辺で見つけたくずし字で書かれた看板

東京の浅草あたりを歩くと、くずし字で書かれた看板が目に飛び込んでくる。江戸時代の伝統を受け継ぐ下町ならではだ。看板の平仮名は、いずれも基本中の基本でくずしも小さい。ここまできちんと学んできた人なら、簡単に読めるだろう。浅草周辺には、これ以外にもくずし字看板が多数ある。そんな看板を探しに、下町に出かけてみるのもいい。

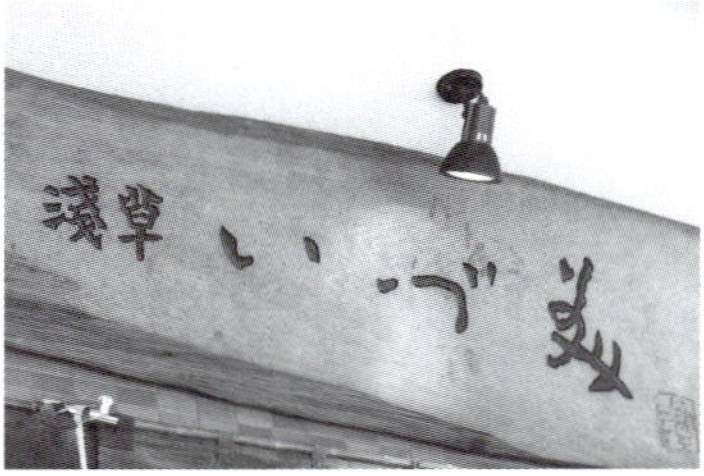

［いづみ　以川美］

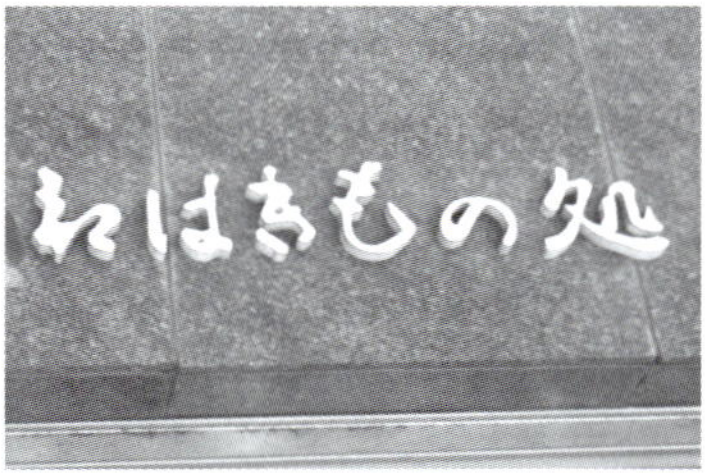
［おはきもの処　於波幾毛乃（処）］

［きそば　幾楚者］

［すすめ堂　寿々免（堂）］

［雷おこし　（雷）於古之］

［うなぎ　宇奈幾］

［天ふら　たから家
（天）婦羅 多加良（家）］

［やつこ　也川古］

［かいだ　加以多］

［どぜうなべ　止世宇奈遍］

［わかな　和加奈］

［しぶや　志婦也］

［つくだ煮　津久多（煮）］

［やぶそば　也婦曽波］

［入山せんべい
（入山）世无遍以］

［つま亀　川満（亀）］

COLUMN

いつかは「古文書解読検定」にトライ

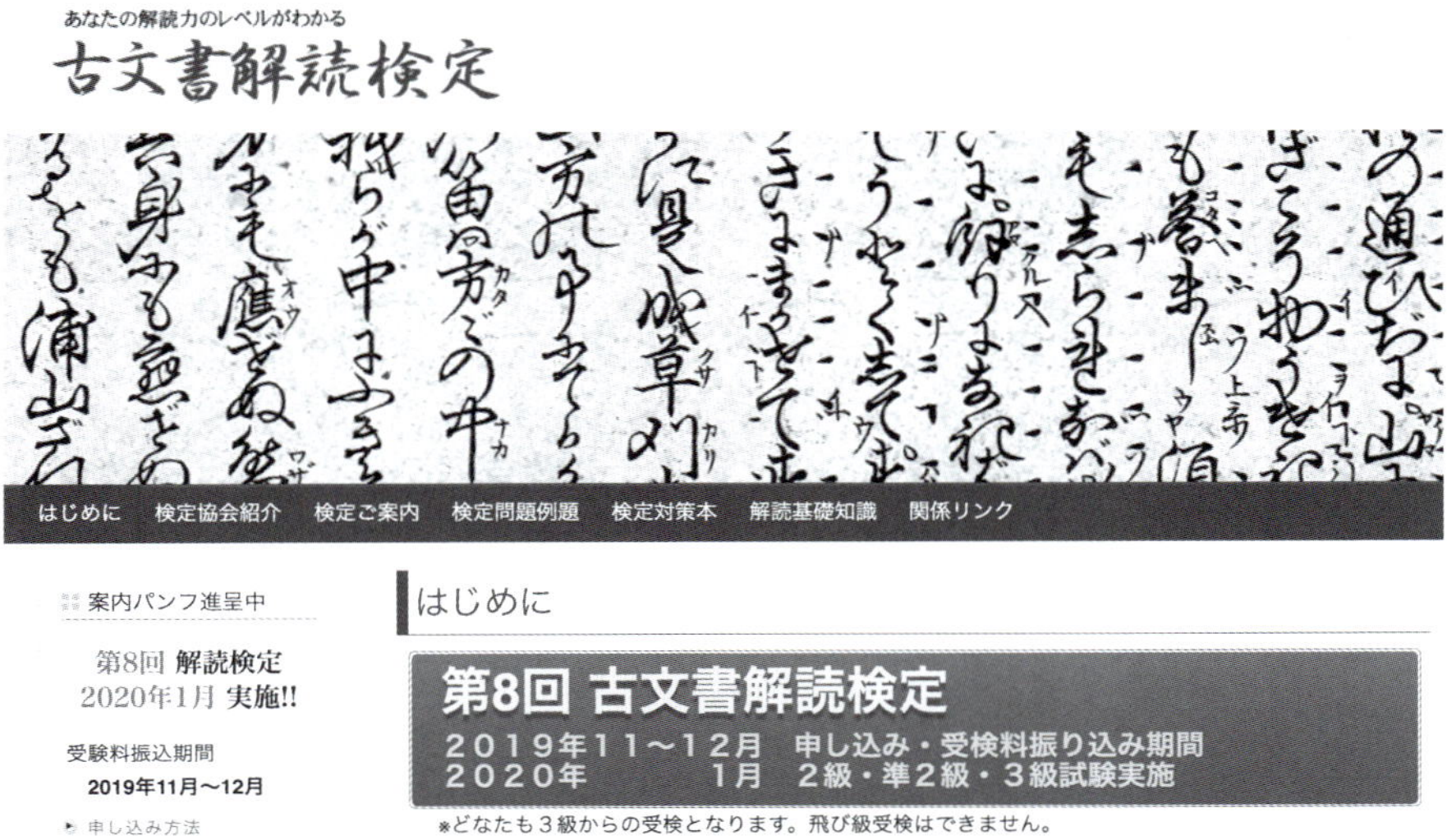

英検や漢字検定があるように、くずし字にも「古文書解読検定」がある。2016年にスタートしたばかりの制度だが、古文書解読検定協会が実施し、読解力に対し等級認定をしてくれる。まだ平仮名の読みもできないのにと思うかもしれないが、目標は大きくもつに限る。検定でいい成績を収めることを目指し、これから頑張っていこう。

くわしくは検定協会のサイト（http://komonjyo-kaidoku.jp/）にアクセスし、受検方法を知ろう。ハガキに郵便番号、住所、氏名、名前、電話番号、年齢を明記して左記に送っても、検定案内のパンフレットが入手できる。

〒192-0082　東京都八王子市東町6-8-202　古文書解読検定協会

第三章

レベルアップのツボはここ

すらすら読み解くための必勝方程式

ここまで平仮名48音のくずし字についてレッスンしてきた。
だが、実際にくずし字で書かれた文章を前にすると、うーん、困った……。
そう簡単には読み進められないはずだ。
そんなあなたのために、この章では解読のツボやコツを伝授しよう。
これらをマスターすれば、くずし字攻略はもう近い。

Point 1

まずは読める字から取りかかろう

平仮名のくずし字を頭に入れたつもりでも、続け書きのくずし字文は厳しい。前章で挙げた字形のモデルよりもくずれていることが少なく、字と字が連綿線でつながるため、どこで切って読んだらいいのかわからないのだ。ギブアップしたくもなるだろう。でも試行錯誤を重ねるうちに、ふいに文章になって意味が伝わってくる瞬間がある。読解の醍醐味といっていい。

読める字はどれか。そこからスタートさせよう。その字を核にして前後を類推すると、読めなかった字の読みが浮かんでくることも多い。そこで判読できるようになった字は、次からは読めるようになる。苦労に対するボーナスポイントといったところ。

たしかに続け字文は厄介だが、文字と文字の区切りがわからない理由の一つとして、各字体に対する理解がまだ不十分という点が挙げられる。時間があれば**巻末の「くずし字一覧」を開き、筆運びをなぞってみるといい。その際、始筆と終筆の確認をお忘れなく。**

勉強だと構えないで、気軽に取り組むのがコツだ。やがて連綿線がそれほど気にならなくなり、それぞれの字体が浮かび上がってくる。

Point 2

続け書きで文字の境界を見つけるツボ

くずし字の続け方について、本書監修の齋藤均先生はこう説明する。

「下に向かう字は次の字と連結し、下に向かわない字は次の字と連結しないことが多い」

たとえば、今の仮名で「**あいしている**」**を縦書きしてみると実感できるという。**

「あ」は筆が下に向かうから「い」とつながり、「い」も下に向かって「し」に連結する。だが「し」は字の終え方が下というより右横に流れ、左から横棒で入る「て」につなごうとするにはムリがある。また「て」は下に向かわないので「る」とは連結しにくい。

人によって筆運びがちがい、この法則がくずし字に完全に適用できるわけではないが、筆の進め方から考えれば納得できる話だろう。書くときの筆の自然な流れを考慮すれば、自ずと境界は見えてくる。そのためにも書き出しである始筆と、出となる終筆の確認は疎かにはできない。漢字だらけの古文書も、結局は同じ理屈でつづられていると齋藤先生はいう。

今や日常生活で横書きが一般的になった。続け書きが読めなくなったのは、縦書きから遠ざかったのも一因だ。たまには筆を机の奥から引っ張り出し、心澄ませて書をしたためるのもいい。

Point 3

偏《へん》や旁《つくり》から読めない字を推測する

左の文字のように、左側が一本の縦棒で書かれるくずし字がある。

上から「**佐　さ**」「**須　す**」「**徒　つ**」「**津　つ**」「**保　ほ**」「**満　ま**」「**流　る**」だが、この縦棒は偏の「**氵**」（さんずい）「**亻**」（にんべん）「**彳**」（ぎょうにんべん）をくずして表現したものである。

つまり、この左縦棒が確認できれば、これらの字の可能性が高いということ。解読する際の大きな手がかりになってくれるはずだ。

ちなみに、これらは重要な字ばかり。**「左縦棒シリーズ」として、まとめて暗記しておきたい**。

偏だけでなく旁にも着目すれば、難字の判定は一段と進む。たとえば「**須　す**」と「**類　る**」は部首が同じ「**頁**」。当然書き方に類似性が出てきて、片方がわかればもう一方も判読が可能に。

くずし字の読み解きは暗号解読に似ている。偏や旁は謎解きの大切なツールであり、**読めない字に出合ったら偏や旁からのアプローチを試みてみよう**。

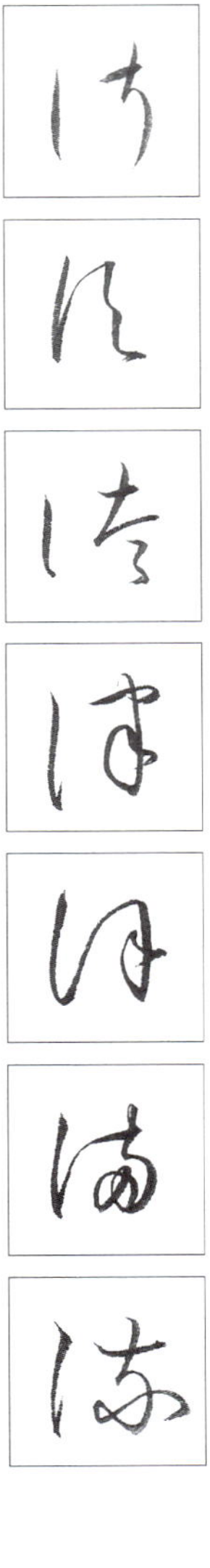

Point 4
固有名詞も表記や字が変化

歌舞伎『助六』のヒロインといえば遊女の**揚《あげ》巻《まき》**だが、江戸時代の書物を読んでいると、この揚巻が次には「**揚まき**」となり、さらに「**あけま記**」とも表記される。

ルールが緩いというか自由奔放だ。**固有名詞であっても、あてられる仮名はころころと変わる**から、まったく油断できない。

仮名の用い方として、「**八　は**」は主に助詞として使われ、「**之　し**」「**可　か**」も語中や語尾がほとんど――。そんな傾向もあるにはあるが、しょせん書き手の筆の勢いしだい。ルールはないと思って取り組もう。

Point 5
大小で判断「の」と「か」

くずし字初心者が、まず頭を悩ませるのが「**可**」と「**乃**」の見分け方である。

左の上二字は「**可　か**」だが、流暢な続け字で書かれると、二つ目の「可　か」と三番目の「乃　の」が同じ字に見えてしまう。「**か**」**は**「**の**」**よりも小さく書かれることが多く、そこが読解のポイント**になる。なお、「可　か」は極端に縮小されることもあって要注意だ。

混同しやすい字を知っておけば、対応もしやすい。以下、似た字に関する話を続ける。

Point 6
「か」と「う」も近似する

上が「**可　か**」で下が「**宇　う**」だが、「**う**」の上下が連結して書かれると、この二つの字は極めて似てくる。

「**乃　の**」との区別でもふれたように、**語頭でなく語中に置かれた「可　か」は比較的小ぶりに書かれる。それが判別のポイントだ。**

判断が難しい場合には、前後の文脈から考えればいい。助詞として使われる「**可　か**」は、登場頻度が高いワードのひとつ。早めに攻略すれば、くずし字文の読みが楽になる。

Point 7
「う」と「そ」「ろ」もご用心

上が「**曽　そ**」、二つ目が「**呂　ろ**」だが、同じ字に見えるはず。「**そ**」**は下のカーブ部分で「田」をくずしているが、それを意識し、カーブにつながる箇所にやや力を入れて書かれる。**また「**呂　ろ**」**よりも若干細めに表現される**ことが多く、見分けるための判断材料になる。

さて三番目は「**宇　う**」だが、この字もくずされると「**そ**」「**ろ**」に字形が近くなる。「**う**」は次の字に連綿線が延びるが、「**そ**」「**ろ**」はいったん筆を切りがち。ここで判読しよう。

Point 8

「せ」と「を」の区別法

「**世　せ**」（上）と「**遠　を**」（下）も間違えやすい字だ。「**を**」は助詞の重要語だけに、「せ」と読めば文意が取れなくなる。モデルとして書いていただいた字は判別しやすいが、強くくずされると区別はしにくい。

筆が下部を描くとき、右上の高いところからくるのが「**世　せ**」**である。**また実際の文章では、「**遠　を**」**の上部をやや左側に置く傾向も見られる。**第四章に載せた古文書で、そのあたりをチェックしてほしい。

Point 9

難読三字「き」「に」「よ」

初心者の前に立ちはだかるのがこの三字。上から「**支　き**」「**尓　に**」「**与　よ**」だ。

見分けるポイントは字の上部にある。「**き**」は字母が「**支**」だから、横棒が小さいながらも左右に延びる。対して「**に**」は字母「**尓**」の上部と下部を一筆で書くため、横棒が左だけになりやすい。「**よ**」は字母の「**与**」から、横棒が字の右側だけに偏りがち。判読しやすいように「**支**」の右側に点を振った字体（四番目）にすることもある。迷ったら字母に帰る。読解の鉄則だ。

Point 10

中級者も悩む「し」と「ら」

上の「**之　し**」と下の「**良　ら**」の判読は、ある程度学んできた人にとっても厄介な課題といえる。「**し**」の末端は下か右に延び、「**ら**」は左に向かう。ところが「**し**」が次の字の頭を目指し、「**ら**」のように末端を左に曲げることがあるから話は複雑だ。

「ら」は「し」よりも短く書かれ、小さく蛇行することが多いので、そこに着目しよう。

読んだときに、言葉として成立するかどうか。それが最終的な決め手である。

Point 11

酷似する「り」と「わ」

上が「**利　り**」、下が「**和　わ**」だ。まったく同じ字ではないか。そう思っても不思議ではない。ともに字母が「**禾**」（のぎへん）ゆえに、筆の運びが似通った結果である。

でも安心してほしい。昔の人も似ていることを自覚していて、**「わ」に比べて「り」はやや小ぶりに書いていた**。つまり大きさを目安にすれば判読は容易になるということ。

「り」は「わ」よりも小さく書け。寺子屋の子どもたちも、そう習ったことだろう。

Point 12

混同しやすい「ふ」と「に」

これも続け字で書かれると字体が似てきて、文章を読んでいて判断に迷うことがしばしば。

上が「**尓　に**」、下が「**不　ふ**」。モデル字のように、「**尓　に**」が横棒ではじまってくれればいいが、「**不　ふ**」に近い字体で書かれると戸惑うしかない。

「に」は助詞として頻繁に登場するだけに、文章を読むときのキーになる字である。

「ふ」と比較して小さく書かれることが多く、そのあたりが判断基準となるはずだ。

Point 13

形が近い「な」と「る」

「**奈　な**」（上）と「**留　る**」（中）も字体が似ていて、読み間違いやすい字だ。

丁寧に書かれた字ならまだ判断もできるが、早書きのものになると、学びはじめの人にはかなりつらい。**終筆部分の丸の大きさが手がかりで、大きければ「な」の可能性が高い。**

「**る**」との混同だけでなく、「**な**」はくずされ方で「**累　る**」（下）とも近い字体になることがある。**上部が「つ」の字のような曲線になれば**「**累　る**」。**横棒ではじまれば**「**な**」**だ。**

Point 14

「く」と「て」も曲者だ

これも字形がそっくりで、区別がつきにくい。上が「**久 く**」、下が「**天 て**」だが、かなりの難敵といっていいだろう。

字の末端を左に振るのが「く」、下半身がやや大きいほうが「て」とされるが、この限りでないから困るのだ。くずし字文にできるだけふれ、経験を積むことで解決しよう。

ちなみに、昔の人も似ていることは重々承知で、それなりに書き分けている。そのちがいを見抜くことも読解のポイントになる。

Point 15

これらも「そっくり系」

そっくり系はまだまだある。一番上は「**津 つ**」、二番目は「**保 ほ**」である。「**つ**」**は右側の頭部分に突き出しがあり、右にもはみ出るのに対し、「ほ」にはそれがない。**

「**希 け**」（三番目）と「**布 ふ**」（四番目）は、「**布**」**の上に「メ」があるのが「希」ということ**から、くずし字も形が近くなる。

その「**メ**」の部分が余分にあるのが「**け**」というわけだが、両方のくずし字を見比べて、ちがいをしっかり把握しておきたい。

Point 16

上部が省略される「る」

流暢に書き進められた文章では、始筆と終筆の点画が省略されることが少なくない。

その典型が「**留　る**」で、一番目と二番目のように、前の字から延びる連綿線に上半分が吸収され、まるで「**つ**」の字（三番目参照）のように書かれることがある。

ちなみに、一番目の読みは「**なる**（奈留）」、二番目は「**ける**（介留）」だ。

「る」の上半分省略は頻出する。いつ出てきても読めるように、備えておこう。

Point 17

「二」だけで書かれる「こ」

「**己　こ**」の点画省略も結構見かける。三番目の「こ」の下部がなくなり、ただ「二」とだけ書かれ、次の字と連綿線で合体してしまうのだ。

一番目（読みは「**こと**　己止」）と、二番目（読みは「**こそ**　己曽」）がその例。とくに「こと」は登場機会が多く、読み解きには欠かせない重要ワードだ。

「**る**」と同様、「**こ**」の省略はお約束みたいなもので、ルールを知らないと、くずし字は攻略できない。しっかり頭に入れる必要がある。

Point 18

濁点と繰り返し記号をレッスン

「**がぎぐげご**」のように濁音で読ませるとき、字の右側に「゛」の濁音符を付属させる。**濁点符は常に振られているわけではなく、符がない文章も結構あって統一はされていない。ない場合には、読みで補う必要がある。**

ちなみに、「**ぱぴぷぺぽ**」のような半濁音では、同じく右肩に「゜」の半濁音符をつける。

平仮名を一字繰り返す場合には ゝ を用いるが、筆の流れを注意していないと、見落としてしまうほど小さく書かれることが多い。少々トレーニングが必要ということで、すぐ後のドリルに問題を入れてみた。ぜひトライしてみよう。

二字以上をまとめて繰り返す場合には、〱 が使われている。「踊り字」と呼ばれるが、二字以上のスペースで書かれることが多いので、これは比較的わかりやすい。とはいえ、小さく示されることもあり、その場合には「**久 く**」と間違いやすいのでご注意を。

では「**さまざま**」のように、後半に濁音が入るケースはどうするか。踊り字に濁点をつけ、〲 のように表現されるのが一般的だ。その際、濁点がつく位置の清音が濁音になる。

演習問題

様々なくずし方のパターンを知ろう

各音のくずし字をレクチャーし、解読のツボについてもふれてきた。ここまで読み進めてきたあなたは、かなりの知識を蓄えたことになる。暗号のようにしか見えなかった筆文字が、ずいぶん身近に感じられるようになったはずだ。

でも、くずし字文をさらさらと読むためには、あと一歩の努力が求められる。それは字によるくずし方のパターンを感覚的につかむこと。

たとえば「之　し」などは、数字分を使って長く伸ばされることもある。活字に慣れた私たちには、自由すぎるというか奔放というか。

以下、実際に書かれたくずし字の練習問題を載せる。記憶を整理し、定着させるためにはドリルを解くことが欠かせないが、問題に取り組みながら、どのようにくずされたのかも把握してほしい。

ドリルは同じ問題を何回もやることが大切だが、初回はきっと苦戦を余儀なくされるだろう。しかし二回目、三回目になると、確実に読めるレベルが上がっていく。それは力が着いた証しといえるのだ。

なお問題を解く際、巻末の「くずし字一覧」を見ながら進めても結構である。

問題1

◆次の□を平仮名で埋めよ。

①

□□□

②

□□□

③

□□□□

④

□□□□

⑤
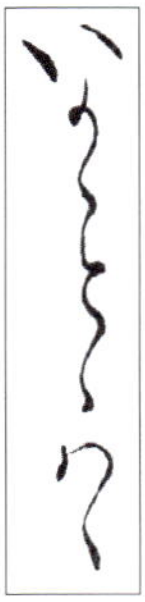
□□□□□□□

⑥

□□□□

⑦

□□□□

⑧

□□□□□□

⑨

□□□□

⑩

□□□□□□

⑪

□□□□□夜□

⑫

□□□□□□□□□

⑬

□□□□嘆□□□□□□也

⑭

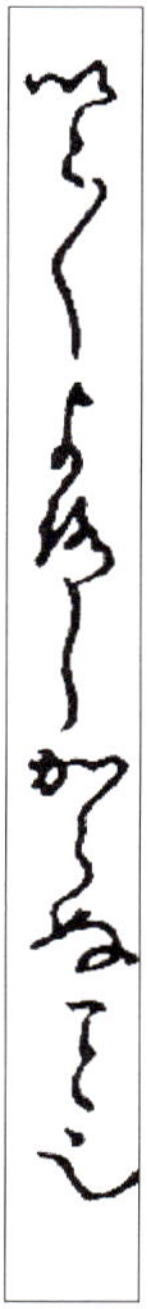

□□□□□□□□□□□□也

【解答】

①いでて　②ことと　③なくなく　④ののしる　⑤いかかととはは　⑥ながなが　⑦まにまに　⑧むかしむかし　⑨たたただ
⑩ばけばけしい　⑪なかなかし夜を　⑫そもそもむかしより　⑬いといと嘆かはしきわさ也　⑭いといとよろしからぬこと也

問題2

◆次の□を平仮名で埋めよ。

①

□□□□□

②

□□□□□

③

□□□□□

④

□□□□

⑤

□□□□

⑥

□□□□□

⑦

□□□日□

⑧

□□□□□

⑨

□□□□

⑩

□□□□□□

【解答】

①うちとけて　②かささぎの　③すみそめの　④うらめし　⑤われても
⑥あはぢしま　⑦はるの日に　⑧たれをかも　⑨うちいで　⑩うちなかめて

問題3

◆次の□を平仮名で埋めよ。

①

□□□□□

②

□□□□□□□

③

□□□□□□□

④

□□□□

⑤

□□□□

⑥

□□□□

⑦

□□□□

⑧

□□□□□

⑨

□□

⑩

□□□□

【解答】
①いのちにて ②しるしなりける ③もゆるおもひを ④あらしか ⑤まつほの
⑥こころも ⑦むかしの ⑧ならなくに ⑨よる ⑩みじかき

問題4

◆次の□を平仮名で埋めよ。

①

□□□□

②

□□□□□□

③

□□□□

④

□□□□□

⑤

今□□□□□

⑥

手□□□□

⑦

□□□□□

⑧

心□□□□

⑨

山□□□□

⑩

□□□道□□□

【解答】
①なりけり　②いまはむかし　③くれなゐ　④からうして　⑤今かへりこむ
⑥手につみて　⑦なきふせる　⑧心もとなき　⑨山つらなる　⑩かかる道のはて

問題5

◆次の□を平仮名で埋めよ。

①

□□□寺□

②

二人□□□

③

□□□□□□□□

④

見□□□□□□

⑤

早世□□□□□

⑥

小松□□□所□□

⑦
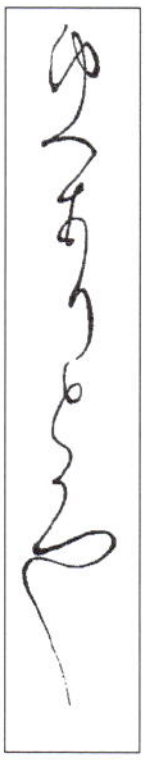
□□□□□□□

⑧

□□□□□□□□□□□

⑨

□□□□□□□□

⑩

予□□□□□年□□□

【解答】

①といふ寺を　②二人はかり　③いかにつたなしと　④見えかくれにも　⑤早世したりとて　⑥小松といふ所にて　⑦ゆへありとかや　⑧こまやかにしたためさせ　⑨いまたやまさるに　⑩予もいつれの年よりか

問題6

◆次の□を平仮名で埋めよ。

①
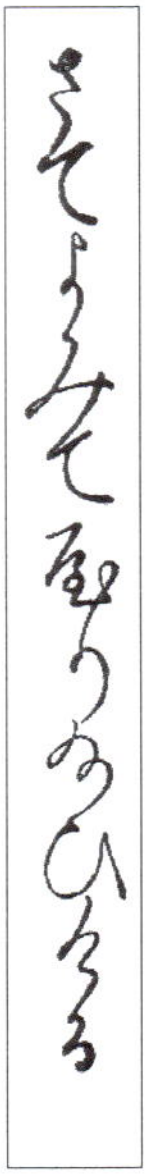

□□□□□□□給□□□

②

□□□□思□□□□□□□

③
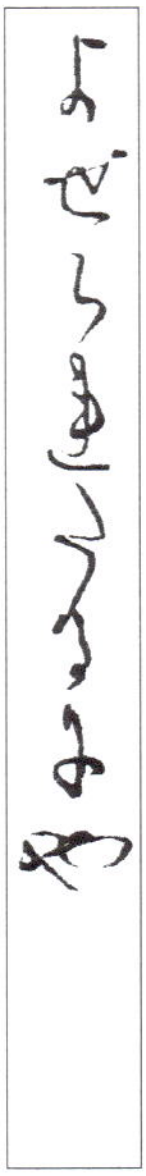

□□□□□□□□

④

□□□□□□□□

⑤

女□□□□□□□□□見□

【解答】

①さてよみてやり給ひける　②あやしと思ひありくほとに　③よせられたるにや　④あらんとおもひて　⑤女なむあひたりけるを見て

問題7

◆次の□を平仮名で埋めよ。

①

□□□□□□□□□見□□

②
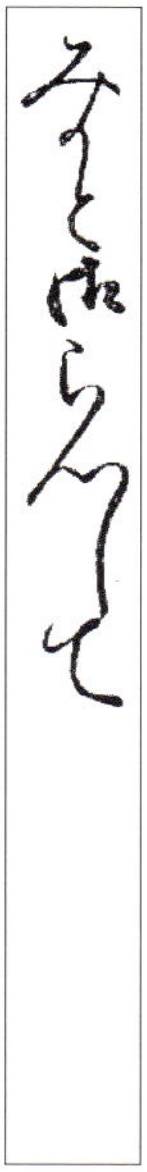
□□□御□□□□

③

□□□□□□□

④

名□□□□□□□□□□□□

⑤

□□□□□翁□□□□□

【解答】

①あやしかりてよりて見るに　②みかと御らんして　③そのかたはらに　④名にしおははいさこととはん　⑤たけとりの翁といふもの

問題8

◆次の□を平仮名で埋めよ。

①

□□□思□□□□□□

②

□□□□□□□□

③

□□□見□□□□

④

□□□□□□□□

⑤

□□□□□□□□□□

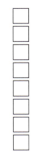

【解答】

①いかに思はんとこれは　②むかしのことなり　③かかる見えぬもの　④あめるをといへば　⑤わらはれんとならむと

問題9

◆次の□を平仮名で埋めよ。

①

□□□□□□□□日記

②

九日□□□□□□□□□□

③

竹取□□□□思□□□□□□

④

今□□□□□見□□如□

⑤

金□□□□□□□□□□□□□□□□□□

【解答】
①おとこもすといふ日記　②九日おほみなとにとまれり　③竹取をみても思ひしられなむ
④今めのまへに見るか如し　⑤金もたくわへてゐられるやうになつたから

問題10

◆次の□を平仮名で埋めよ。

①

十五日□□車□□□□□

②

□□□川□□心□□□□□□□

③

□□□□□□□□□□□

④

□□□□□□□□□□□□□□□□□

⑤

度□□□□□□□□□□□

【解答】

①十五日けふ車ゐてきたり　②かつら川わが心にもかよはねど　③そのがくもんのちかみちは　④さほさせとそこひもしらぬわたつみの　⑤度がはづれるとほめにくい

問題11

◆次の□を平仮名で埋めよ。

※本書ではあつかわない変体仮名には読みを入れた。

①

□□□□□人□□□□□□□□□□□

②

□□□□□□□□ひ□□心□□□□

③

□□□□□□□□□□□□□□□□□

④

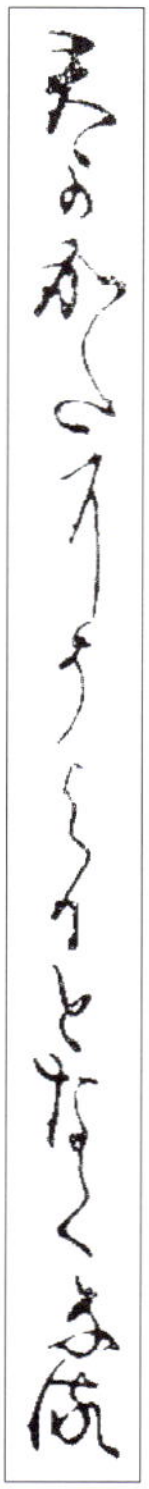

君□□□□□□□□□□□□□

⑤

□□□□□□□□□□□□□□□

【解答】
①ちちはこと人にあはせむといひけるを ②ははなんあてなるひとに心つけたり ③みよしののたのむのかりもひたふるに ④君かかたにそよるとなくなる ⑤むかしおとこあつまへゆきけるに

問題12

◆次の□を平仮名で埋めよ。

①

我□□□□□□□□□□□□□□□
□□□□□□□□□□□□□□

②

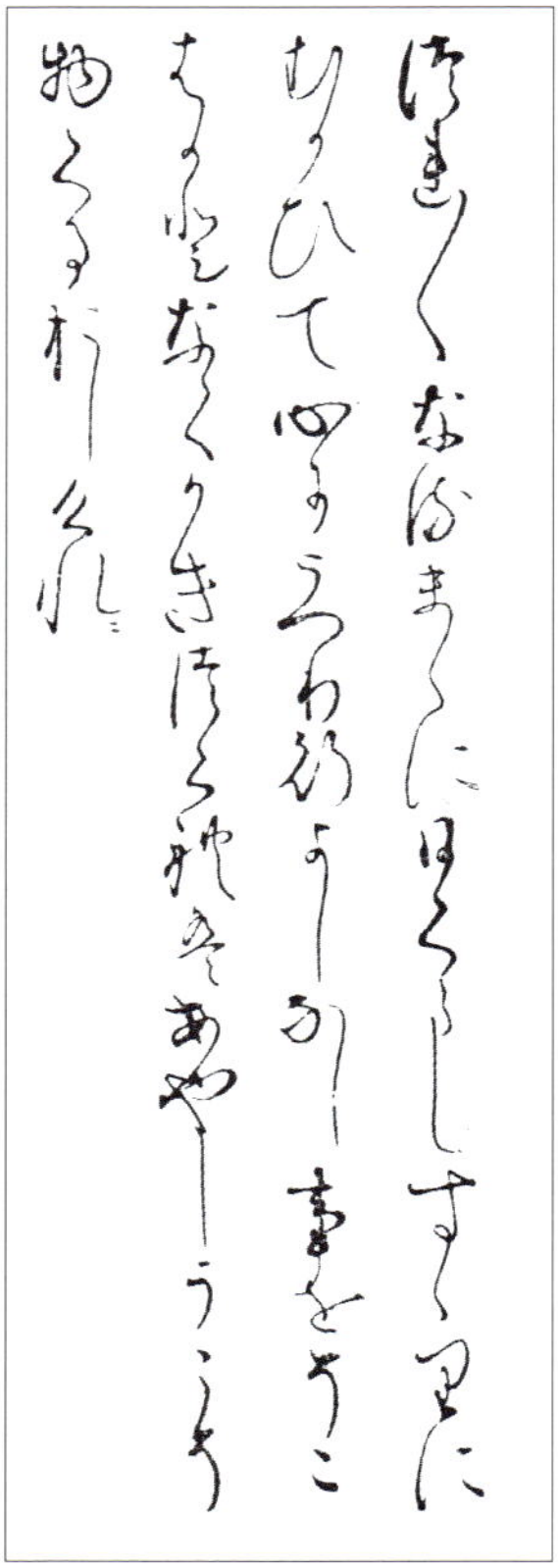

□□□□□□□□□日□□□□□□□
□□□□心□□□□行□□□□事□□□
□□□□□□□□□□□□□□□□□物□□□□□□

【解答】 ①我かたによるとなくなるみよしのの　たのむのかりをいつかわすれん
②つれつれなるままに日くらしすすりに　むかひて心にうつり行よしなし事をそこ　はかとなくかきつくれはあやしうこそ　物くるおしけれ

第四章

読むと楽しいくずし字ワールド

江戸時代の美人絵や妖怪画にトライ

さぁ、ここからは実践編だ。
江戸時代の浮世絵や草紙などから、比較的読みやすいものをテキストに選んだ。
腕試しに取り組んでみよう。
いずれも一般庶民が親しんだ作品で、文章からは当時の人々の考え方も伝わってくる。
文献が古いため、一部読みにくい箇所があることをご了承願いたい。

「花競《はなくらべ》今様姿」のうち「牡丹」

●東京都立中央図書館特別文庫所蔵

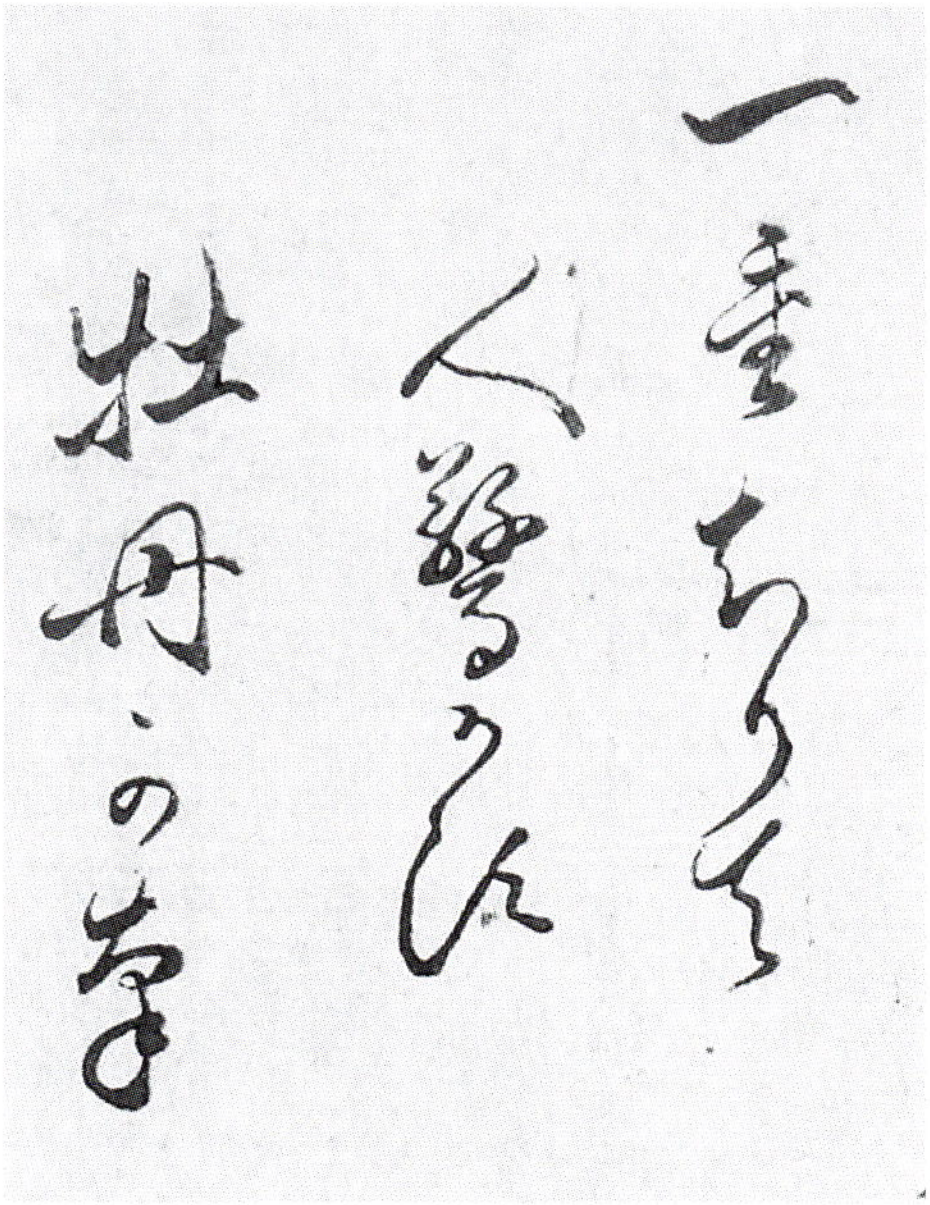

「花競《はなくらべ》今様姿」のうち「牡丹」（部分拡大）

●歌川芳虎が幕末に描いた「花競今様姿」シリーズの一作だ。出版は嘉永2（1849）年となっている。この連作では錦朝楼芳虎と号しているが、芳虎は幕末から明治にかけて活躍し、艶やかな画風から、この時代を代表する人気絵師の一人。また、維新前後の新風俗も好んで描き、佳作が多数残されている。

★次の□を平仮名で埋めよ。

一重□□□
人驚□□
牡丹□□

読み

一重ちりて
人驚かす
牡丹かな

「花競《はなくらべ》今様姿」のうち「百合」

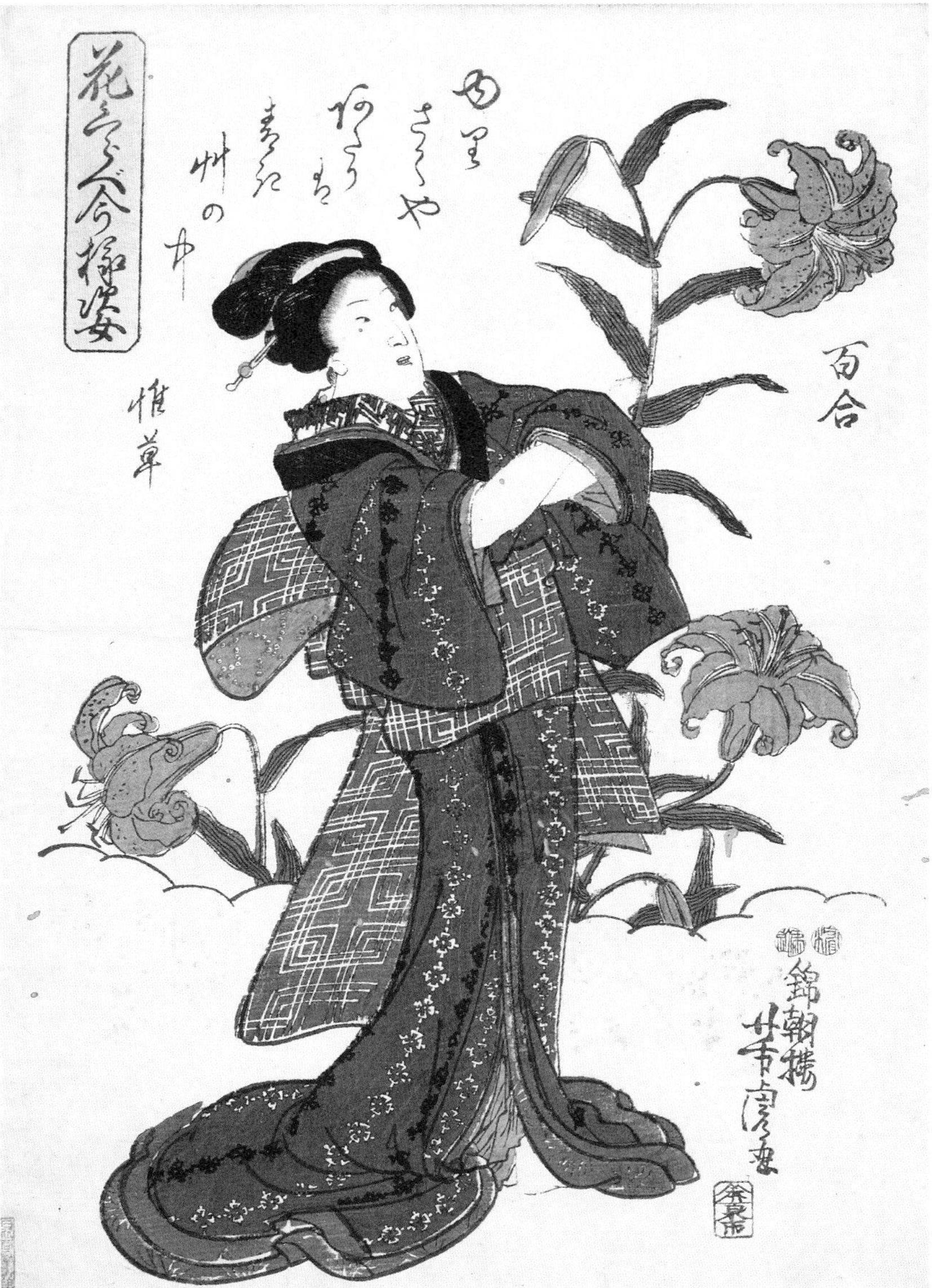

●東京都立中央図書館特別文庫所蔵

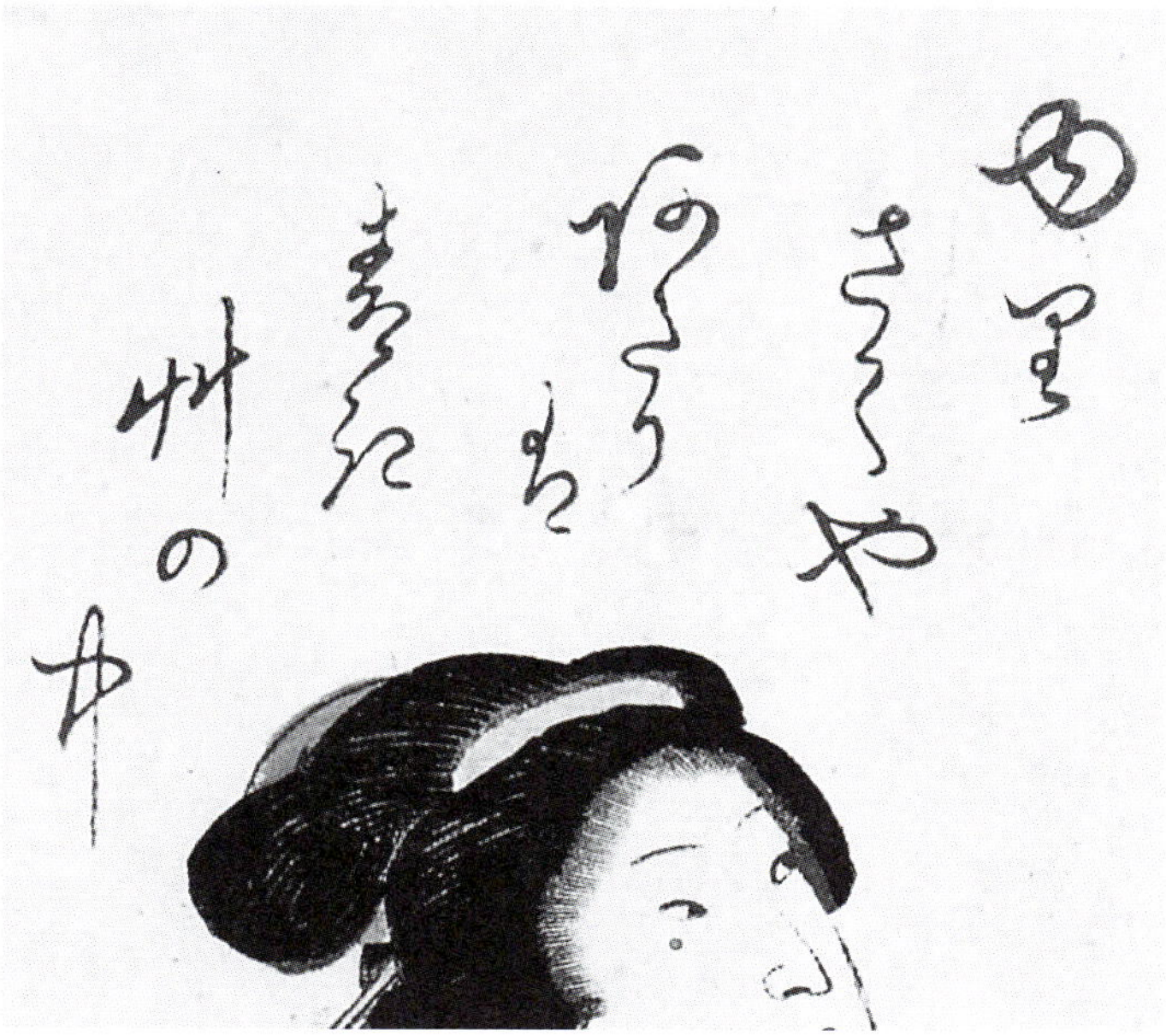

「花競《はなくらべ》今様姿」のうち「百合」(部分拡大)

●歌川芳虎「花競今様姿」シリーズの一作。芳虎は幕末から明治にかけて一世を風靡したが、美人絵に加え武者絵、役者絵ほか、多数の作品を残した。反骨精神も旺盛で、徳川家康を風刺した浮世絵を描いたことから、手鎖50日の刑も受けた。ちなみに、絵中のタイトルは90ページとは異なり、「競」を平仮名で「くらべ」と表記している。

★次の□を平仮名で埋めよ。

□□　□□□

□□□□　青□

草□中

読み

ゆり　さくや

あたりは　青き

草の中

「二五《にじゅう》四《し》好《こう》今様美人」のうち「芝居好」

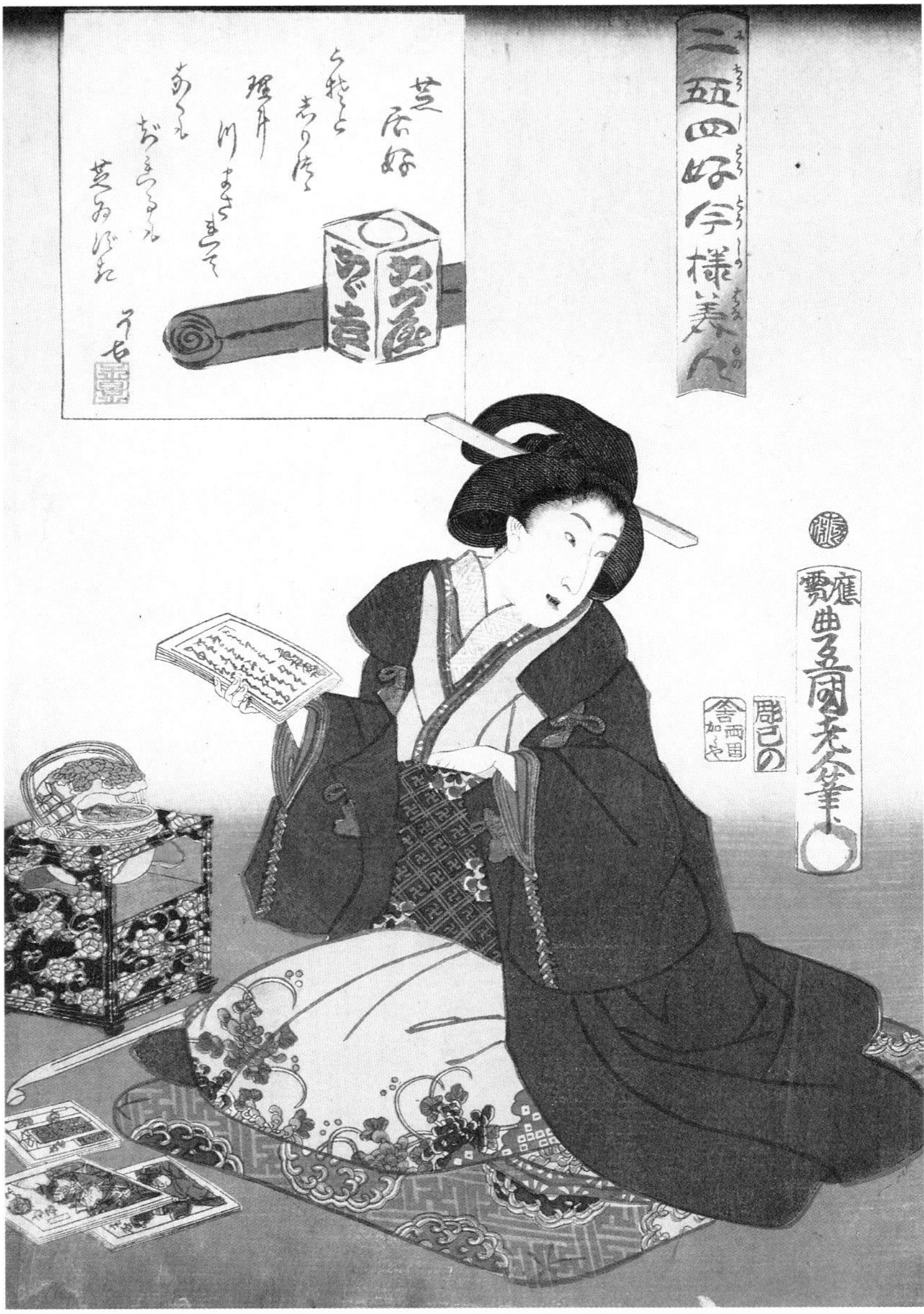

●東京都立中央図書館特別文庫室収蔵

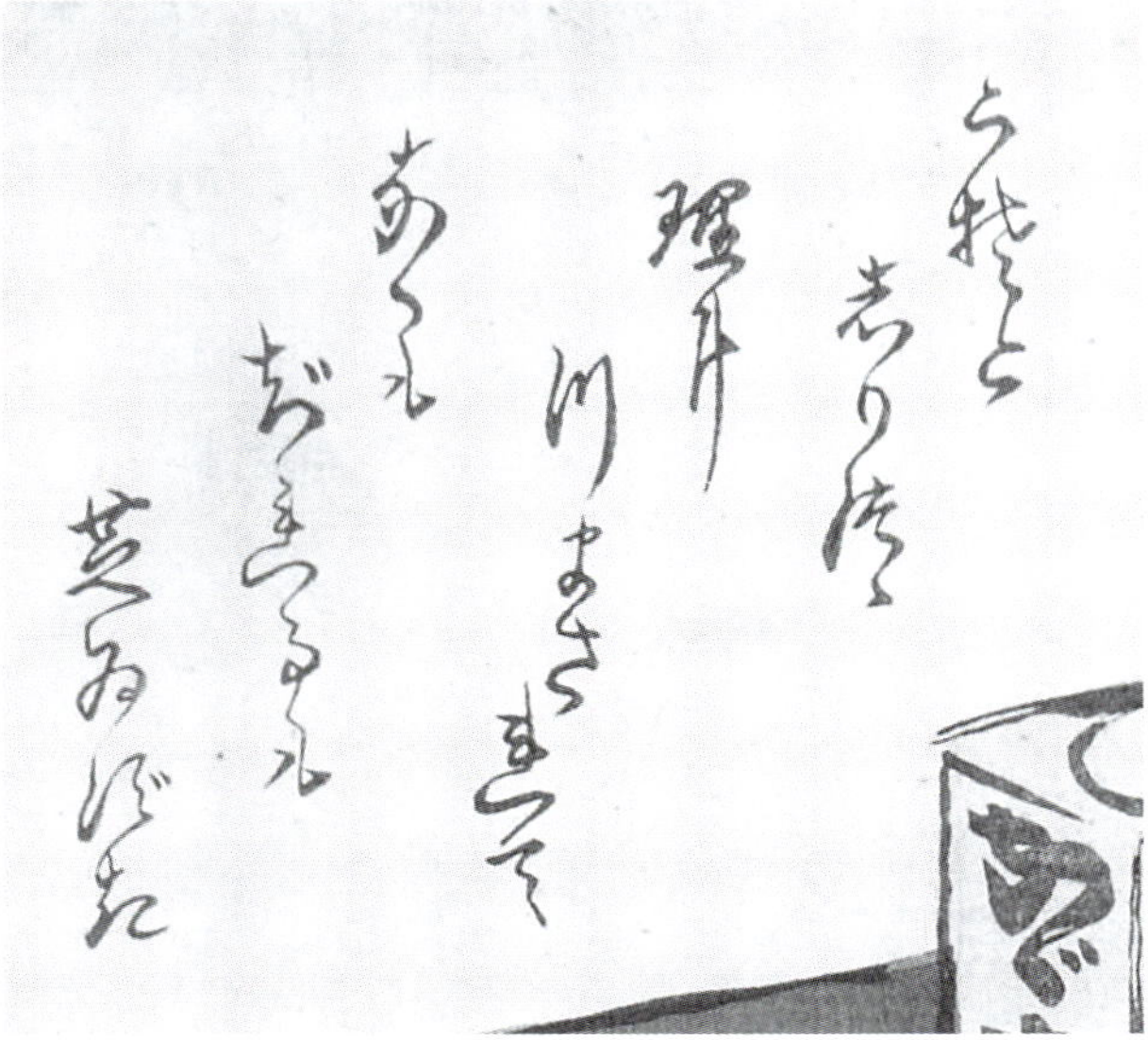

「二五四好《にじゅうしこう》今様美人」のうち「芝居好」（部分拡大）

●歌川国貞が「三代豊国」を名乗った幕末の作品。「十」を「五」と書いたのは洒落からである。中国の孝行人、24人を取り上げた説話集『二十四孝』をもじり、趣味を楽しむ女性24人を「二十四好」としてシリーズ化した。出版は文久3（1863）年、京都では尊攘運動が激化した年でもあった。

★次の□を平仮名で埋めよ。

□□□ □□□□ 理□
□□□□□ □□□
□□□□ 芝□□□

読み

うそと しりつつ 理に
つまされて なくも
じれるも 芝ゐずき

「二五四好《にじゅうしこう》今様美人」のうち「踊り好」

●東京都立中央図書館特別文庫室収蔵

「二五四好《にじゅうしこう》今様美人」のうち「踊り好」（部分拡大）

●これも三代目豊国こと歌川国貞の「二五四好今様美人」シリーズ。なお、シリーズ全体の筆号は「応需豊国老人」を用いている。踊りが大好きで、花よ、蝶よと舞い狂う姿を表現するが、どこかから三味線の音も聞こえてきそうである。国貞は絵師のなかでも多作で知られ、生涯で1万点もの浮世絵を描いた。

★次の□を平仮名で埋めよ。

□□□　□□□□□
□□□　□花□
□□□□　□□□□
□□□□蝶

読み

かはす　すがたは
やよい　の　花か
ひらめく　あふぎは
くるふ蝶

「二《に》五《じゅう》四《し》好《こう》今様美人」のうち「席亭《よせ》好」

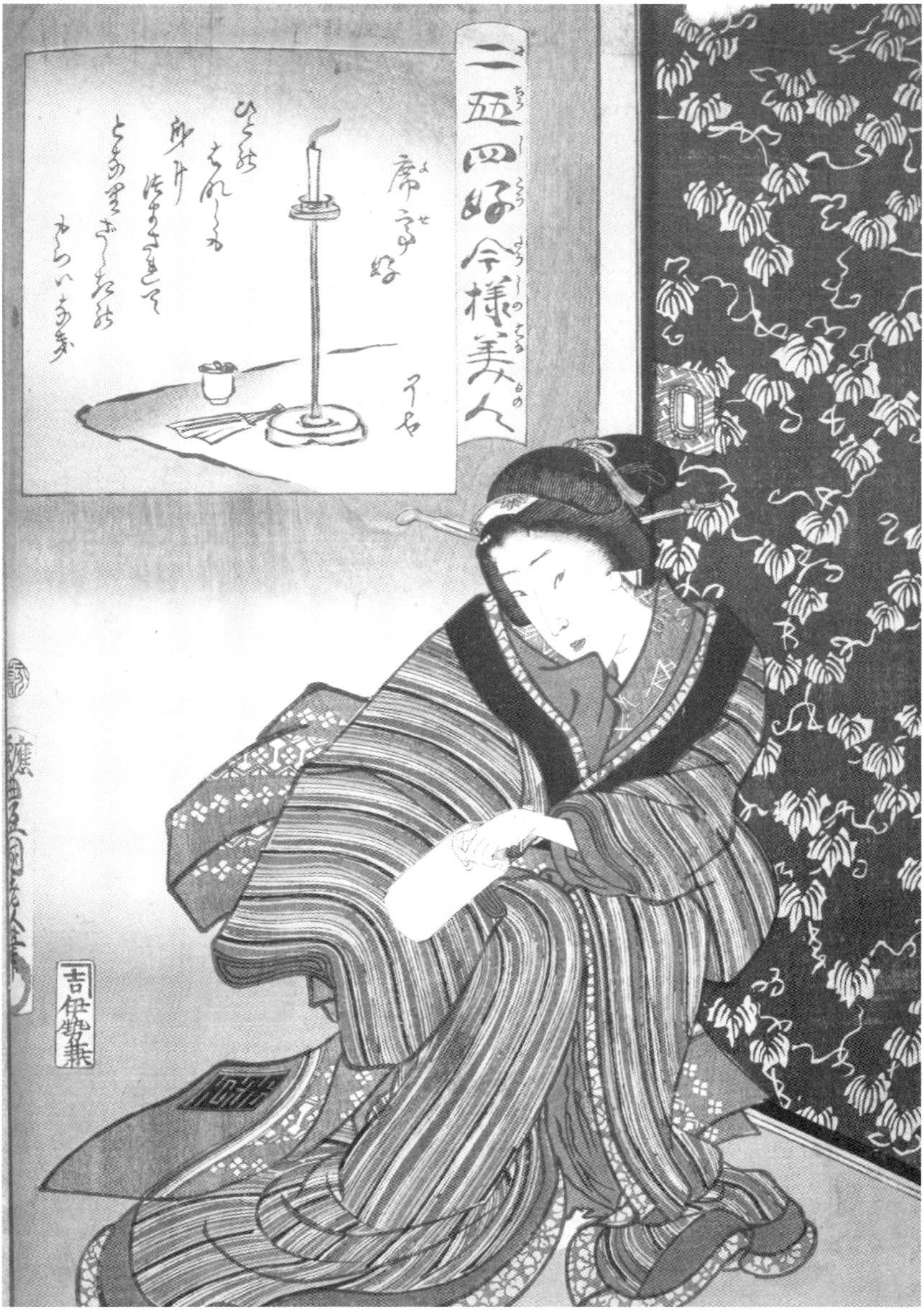

●東京都立中央図書館特別文庫室収蔵

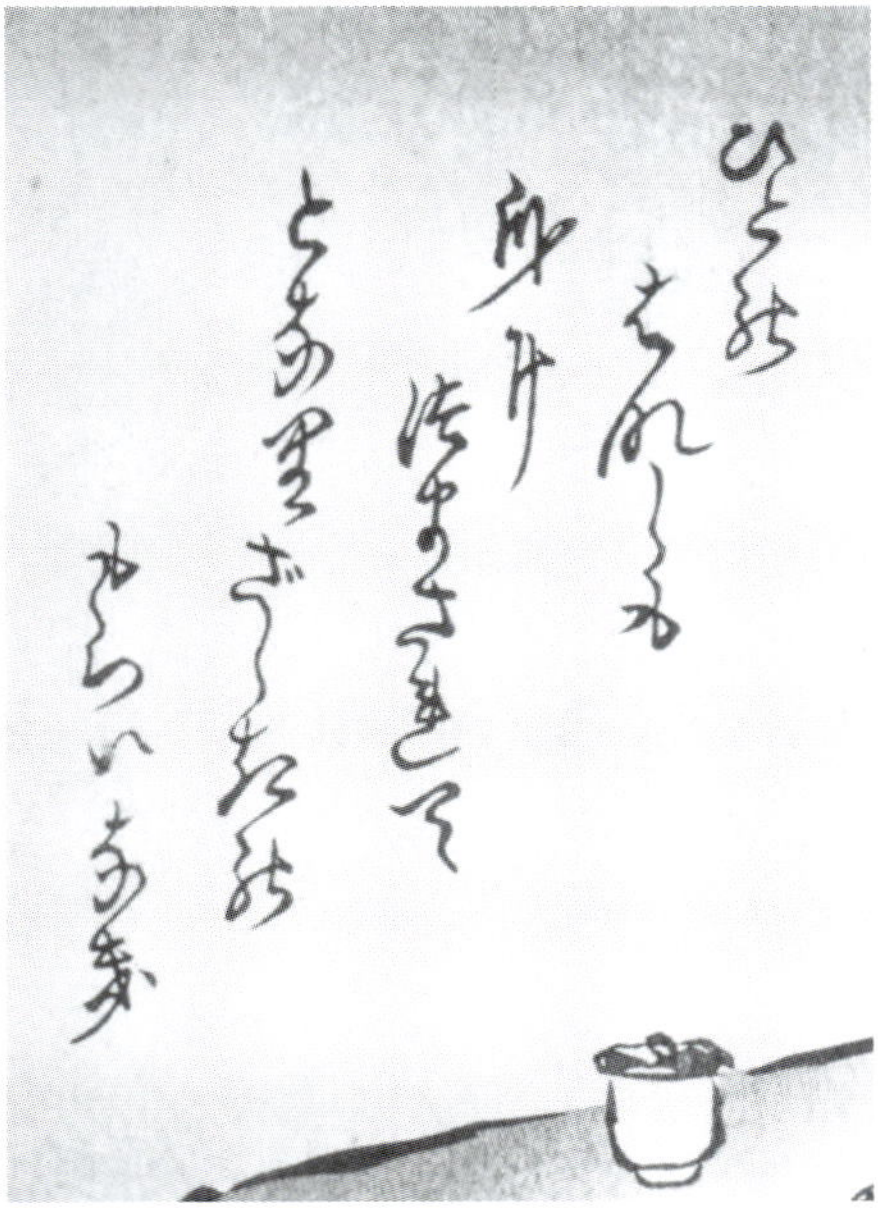

「二五四好《にじゅうしこう》今様美人」のうち「席亭好」（部分拡大）

●歌川国貞の「二五四好今様美人」シリーズ。タイトルは「席亭好」だが、なにやら女性が隣の部屋の様子をうかがっている様子だ。内懐に納めた右手が着物越しにあごのあたりに添えられ、妙に艶めかしくもある。人気絵師国貞の面目躍如といったところ。さて、女性は何をしているのか。答えは文中にあり。

★次の□を平仮名で埋めよ。

□□□　□□□□□
身□　□□□□□
□□□□□□□
□□□□□

読み

ひとの　はなしも
身に　つまされて
となりざしきの
もらいなき

●国立国会図書館所蔵

「二十四好《にじゅうしこう》今様美人」のうち「湯治好」

「二五四《にじゅうし》好《こう》今様美人」のうち「湯治好」（部分拡大）

●「二五四好今様美人」シリーズの一作である。湯上がりの女性を描いているが、話はどうやら穏やかではないようだ。この作品の美女からは、どこか刹那的な心情が伝わってくる。湯治にいっても恋の悩みは治らないということか。ちなみに、画面右上の駕籠が読み込まれているので確認を。作者の歌川国貞の描く女性は、いずれも面長なのが特徴。

★次の□を平仮名で埋めよ。

□□　□□　浮気□
□□　□□　□□□
□□□□　□□□□
□□□　□□

読み

つい　した　浮気か
しん　みに　なつて
たがいひに　まことを
とふし　かご

「二五四好《にじゅうしこう》今様美人」のうち「金魚好」

●国立国会図書館所蔵

「二五四好《にじゅうしこう》今様美人」のうち「金魚好」（部分拡大）

●三代目豊国こと歌川国貞の連作、「二五四好今様美人」のうちの一作だが、号は「七十九歳豊国」としている。女性は振り袖姿で、お歯黒をしていないことから若い女性。右の子どもは弟だろう。金魚は美しいが、思いを口に出さずに無心で泳いでいる。私もあの人への恋心を口にしたいが、金魚のように言葉を胸に秘め、まっさら（無地）な心で生きていこう——と、女性のあるべき姿をうたったものだ。

★次の□を平仮名で埋めよ。

□□□　□□□□
□□□□　□誌□
□□□　□□魚　□
□□□□□

読み

すがた　ひかれど
ことばは　※む誌に
およぐ　きん魚　の
うつくしさ

※む誌→むし→むじ→無地

「今昔百鬼拾遺《こんじゃくひゃっきしゅうい》」から「朧車」

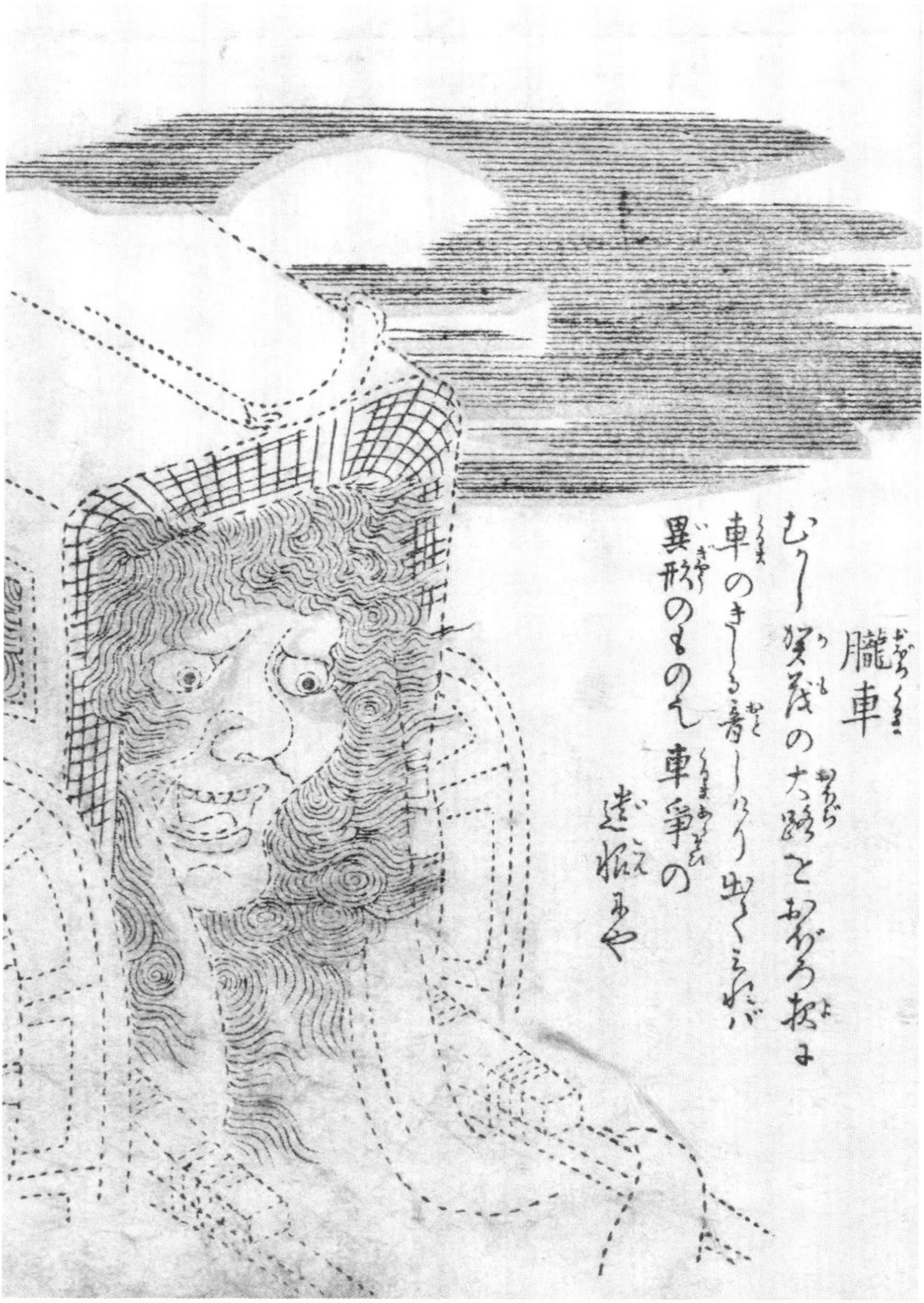
朧車
むかし賀茂の大路をおぼろ夜に
車のきしる音しけり出てみれば
異形のものなり車争の
遺恨にや

●国立国会図書館所蔵

「今昔百鬼拾遺《こんじゃくひゃっきしゅうい》」から「朧車」（部分拡大）

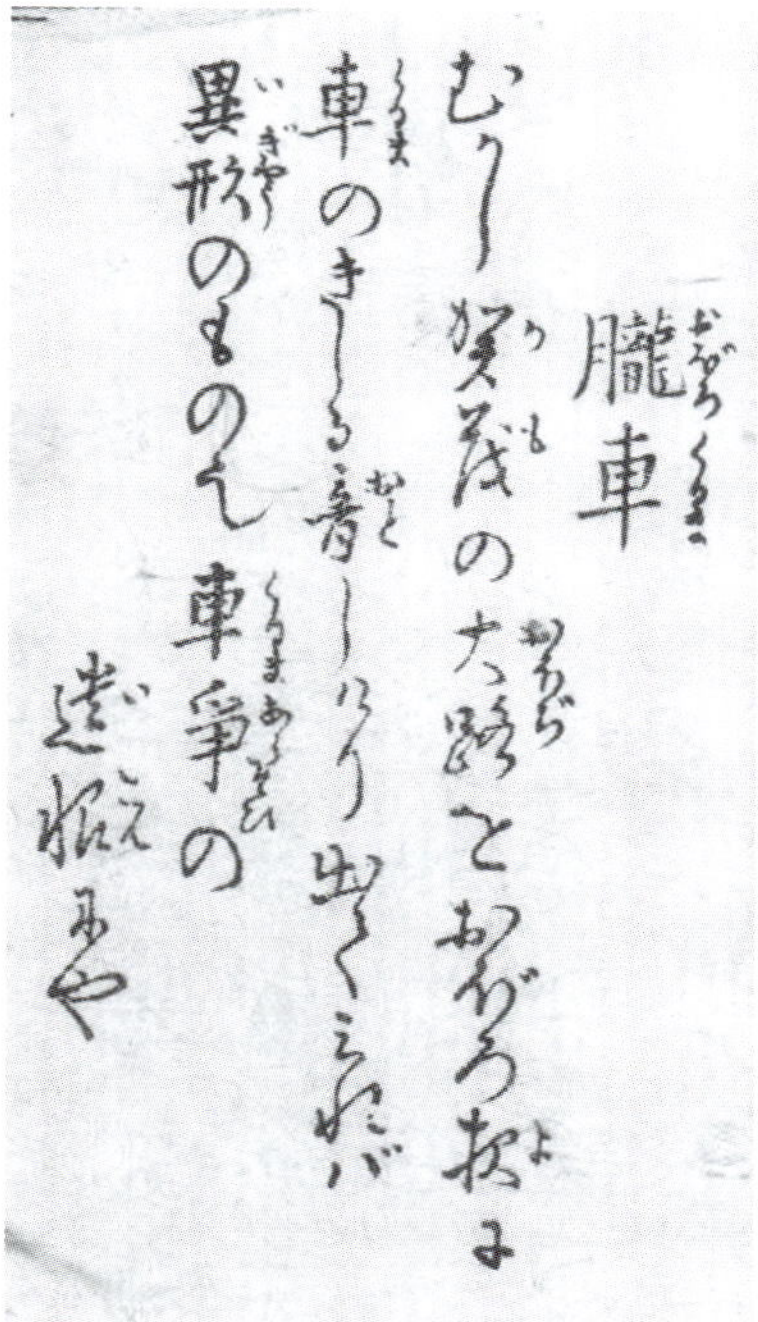

★漢字のルビを含め、次の□を平仮名で埋めよ。

□□□□□□
□□□□□□□□□□□□□□□
□□□□□□□□□□□□
出□□□□
□□□□□□□也□□□□□□□□
□□□□□

●「今昔百鬼拾遺」は江戸時代中期、鳥山石燕《せきえん》が著した妖怪画文集である。その「今昔百鬼拾遺」から、まずは女の妖怪「朧車」を取り上げる。牛車での場所取りに敗れた貴族が、恨みから化けて出たものだという。妖怪の表情がなんともおぞましい。石燕は本書以外に3冊の妖怪本を刊行。合わせて「百鬼夜行」シリーズと総称される。

読み

おぼろくるま
むかしかものおほぢをおぼろよに
くるまのきしるおとしけり
出てみれば
いぎやうのもの也　くるまあらそひの
いこんにや

「今昔百鬼拾遺《こんじゃくひゃっきしゅうい》」から「人面樹」

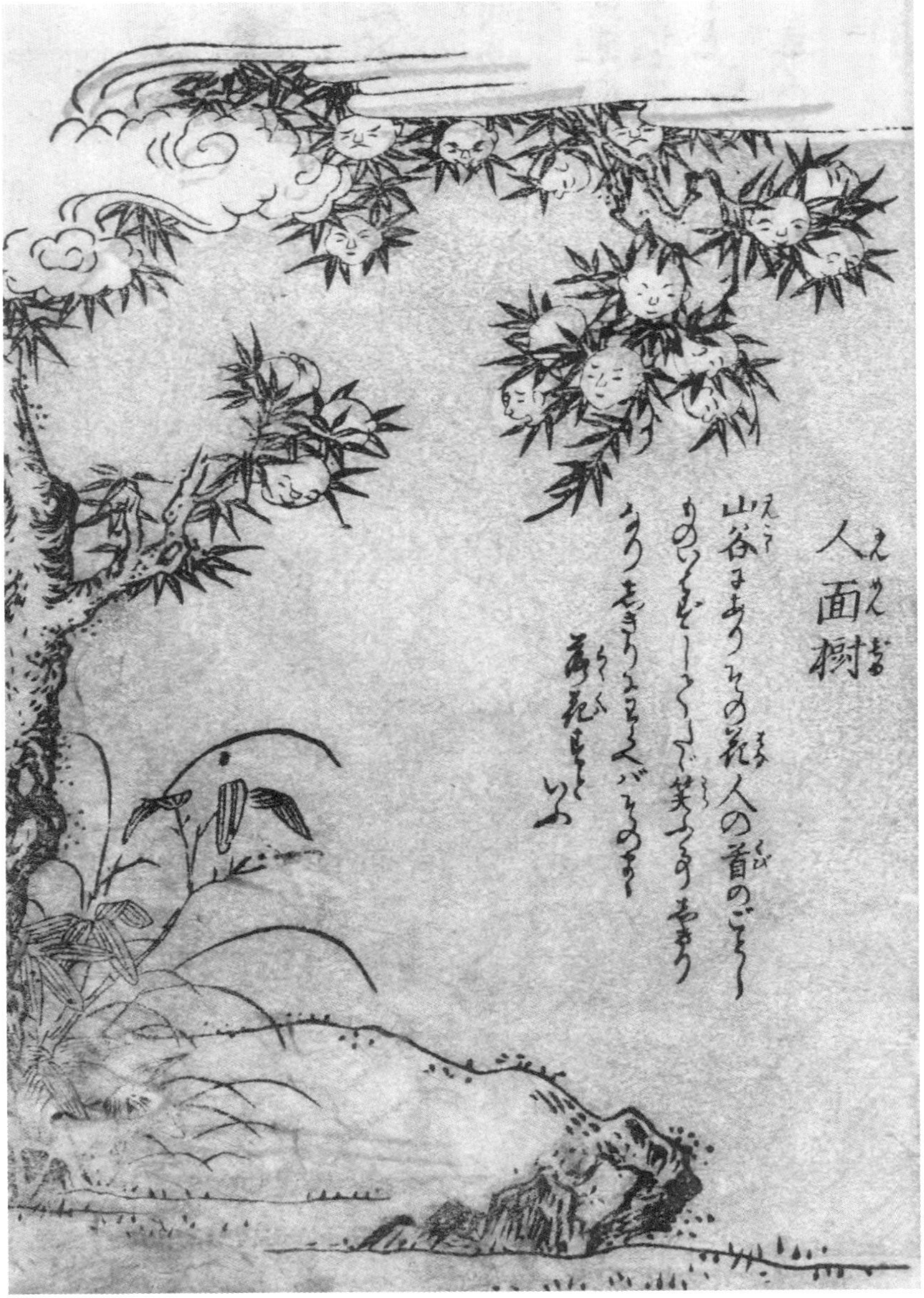

●国立国会図書館所蔵

「今昔百鬼拾遺《こんじゃくひゃっきしゅうい》」から「人面樹」（部分拡大）

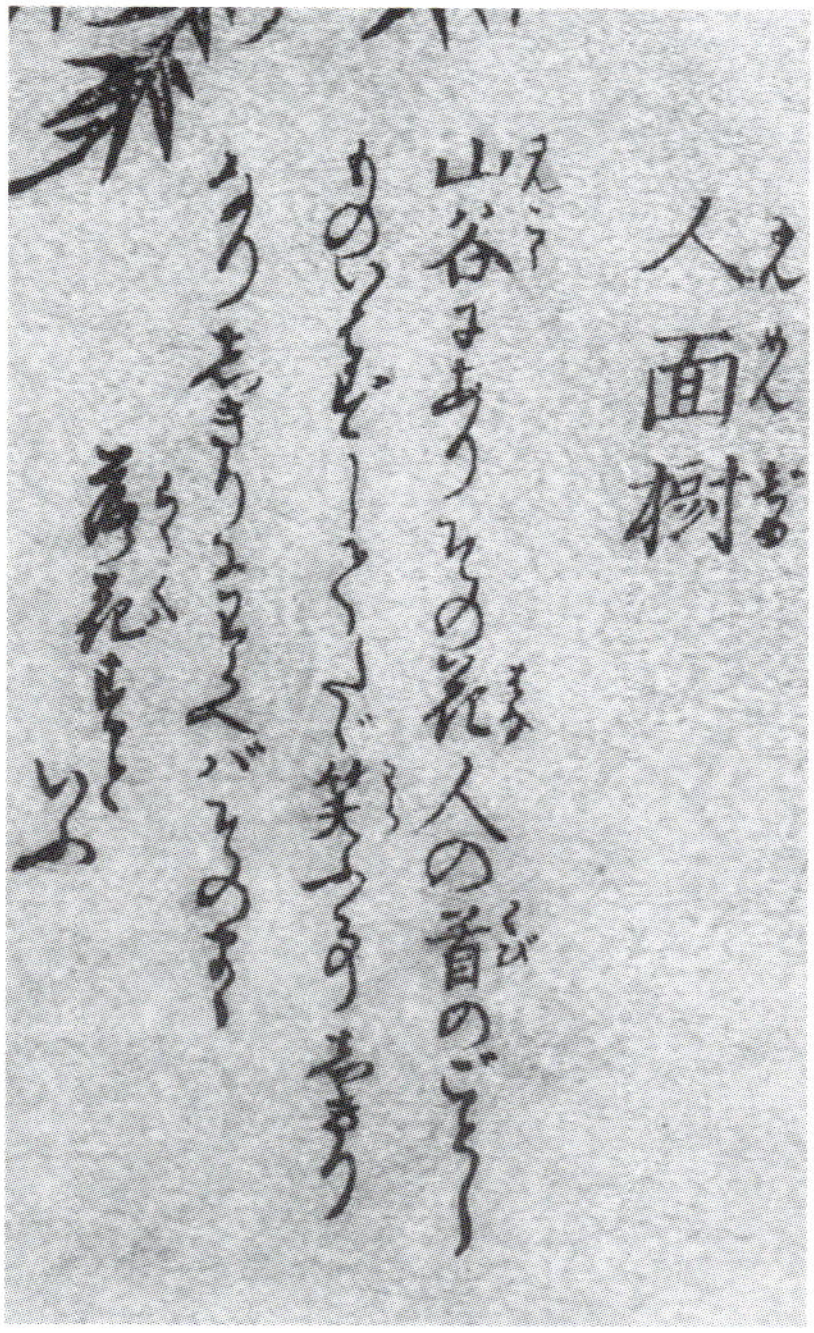

●深山の巨樹に咲くとのことだ。話しかけると、笑ってくれるという愛らしい妖怪だが、そこはかとないはかなさもある。たとえ出合っても、けして言葉をかけてはならない。ちなみに、石燕の作品から材を得たのが、直木賞作家・京極夏彦の『姑獲鳥《うぶめ》の夏』『狂骨の夢』ほかの「百鬼夜行シリーズ」だった。

★漢字のルビを含め、次の□を平仮名で埋めよ。

□□□□□□
□□□□□□□　□□□□
人□□□□□□□　□□□□□□□
□□□□□事□□□
□□　□□□□□□□□　□□□□
□□□□□□□□

読み

にんめんぢゅ
さんこくにあり　そのはな
人のくびのごとし　ものいはずして
ただわらふ事しきり
なり　しきりにわらへば　そのまま
らくくはすといふ

「今昔百鬼拾遺《こんじゃくひゃっきしゅうい》」から「雨女」

●国立国会図書館所蔵

「今昔百鬼拾遺《こんじゃくひゃっきしゅうい》」から「雨女」（部分拡大）

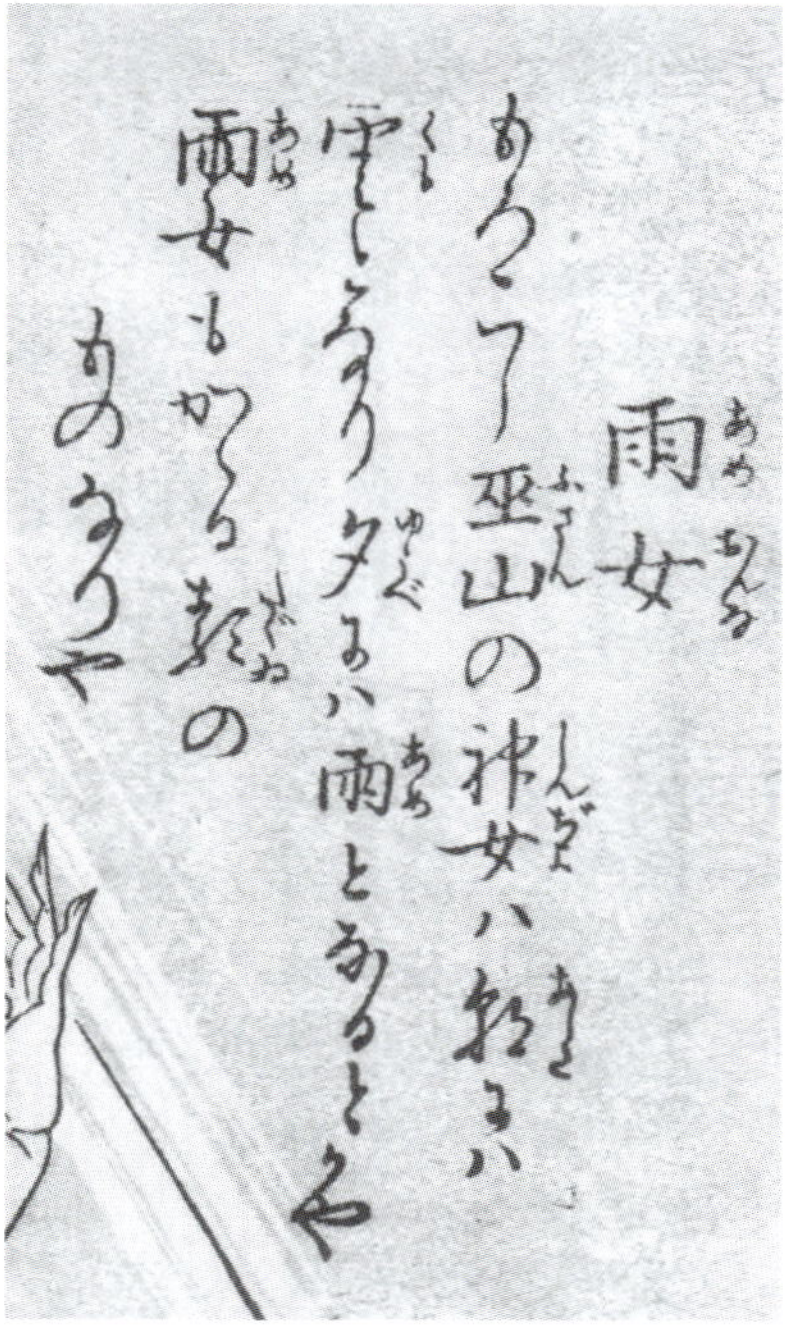

★漢字のルビを含め、次の□を平仮名で埋めよ。

□□□□□
□□□□□□□□□□□□□
□□□□　□□□□□
□□□□□□□□□□□□□
□□女□□□□□□□□
□□□□□

●もろこしとは中国のこと。雨を呼ぶ妖怪である。舌を出して手の平を舐めているのは、猫の仕草から引用したとの説がある。また行灯が描かれる点から、遊郭の遊女を石燕が揶揄したとの見方もあって興味深い。百鬼夜行に登場する妖怪は、石燕が独自に創作したものが少なくない。この雨女もその一例か。

読み

あめおんな
もろこしふさんのしんぢよは
あしたには　くもとなり
ゆうべにはあめとなるとかや
あめ女もかかるたぐゐの
ものなりや

「今昔百鬼拾遺《こんじゃくひゃっきしゅうい》」から「狂骨」

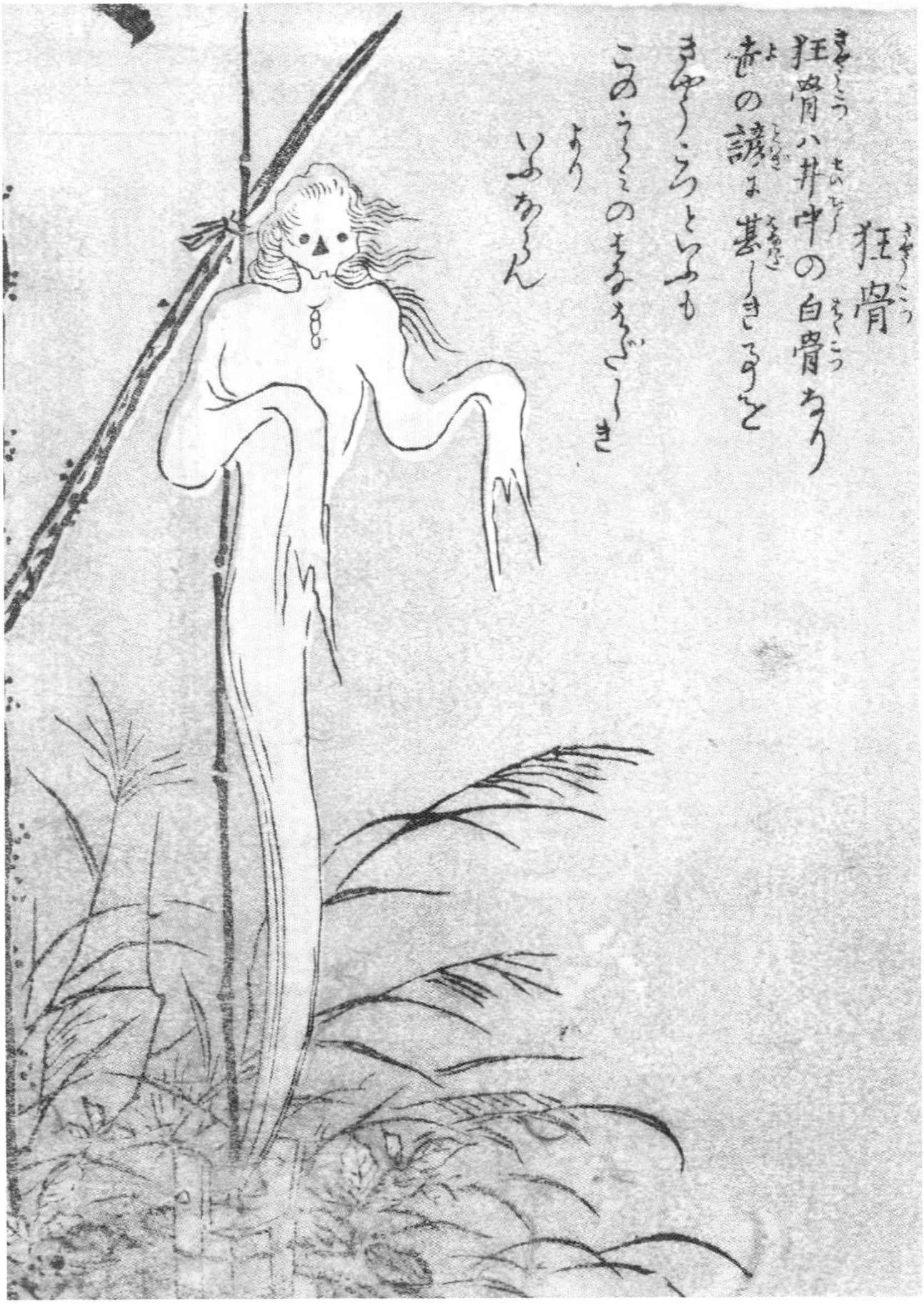

●国立国会図書館所蔵

「今昔百鬼拾遺《こんじゃくひゃっきしゅうい》」から「狂骨」（部分拡大）

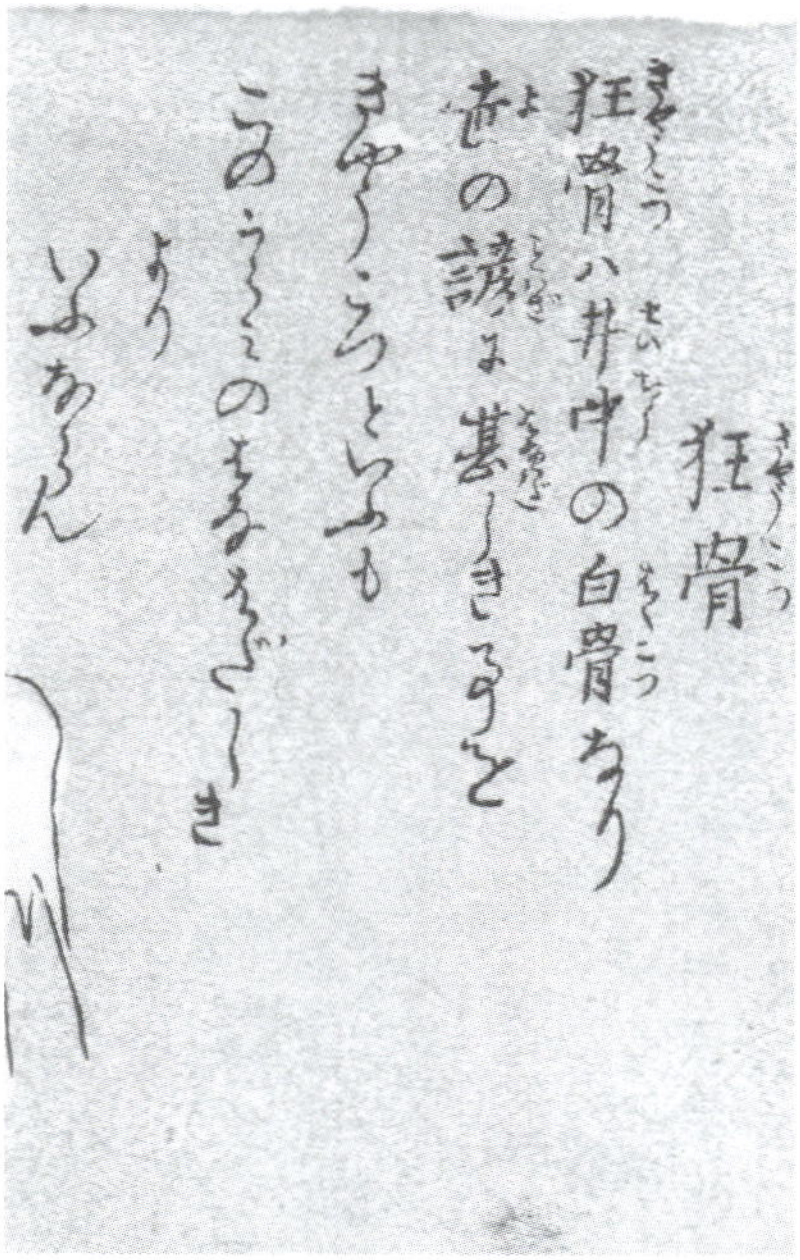

★漢字のルビを含め、次の□を平仮名で埋めよ。

□□□□□
□□□□□□　□□□□□□□□□□□
□□□□□□□　□□□□□□事□
□□□□□□□□□
□□□□□□　□□□□□□
□□
□□□□□

読み

きやうこつ
きやうこつは　せいちうのはくこつなり
よのことはざに　はなはだしき事を
きやうこつといふも
このうらみの　はなはだしき
より
いふならん

●白髪を残した骸骨姿の幽霊が、井戸の釣瓶《つるべ》に吊るされて、ゆらりゆらりと風に揺れている。激しい恨みによって妖怪になったとのことだ。無人の野にある古井戸だろうか。季節は晩秋で、足下にはススキの穂が伸び放題。背筋がちょっと寒くなる絵である。ちなみに文中にある諺《ことわざ》は、今となっては意味不明だ。

小倉百人一首
安陪仲麿（阿倍仲麻呂）

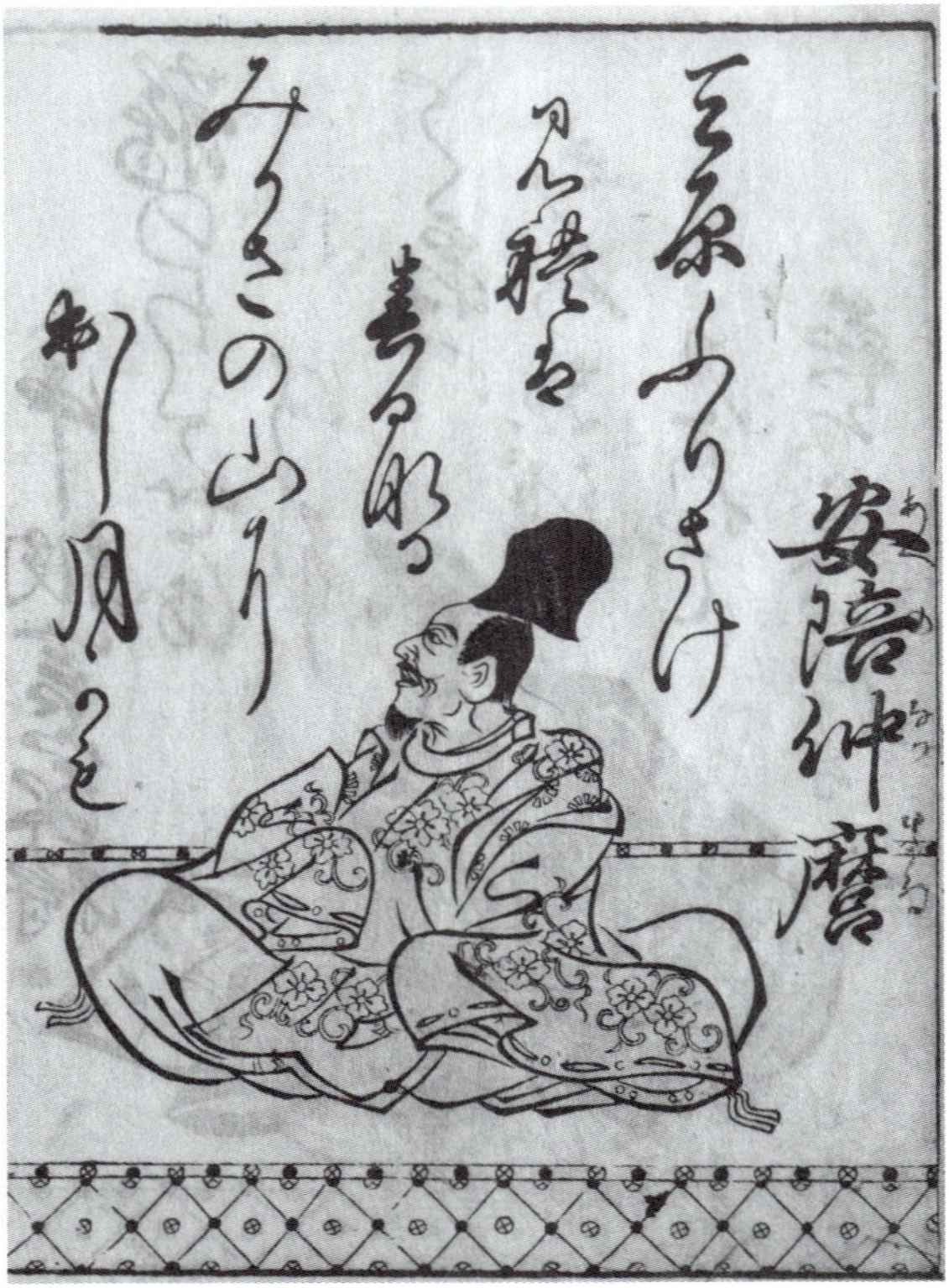

●国立国会図書館所蔵　画／菱川師宣

●仲麿は奈良時代の遣唐留学生。中国で玄宗皇帝から能力を認められ、長きにわたって皇帝に仕えた。皇帝から帰国を許されたが、結局、海難事故で果たせず唐で客死。和歌には奈良の都への望郷の念がにじむ。

★次の□を平仮名で埋めよ。

天原□□□□
見禮《れ》□
春日□□
□□□□山□
出□月□□

読み

天原ふりさけ
見禮は
春日なる
みかさの山に
出し月かも

小倉百人一首
小野小町

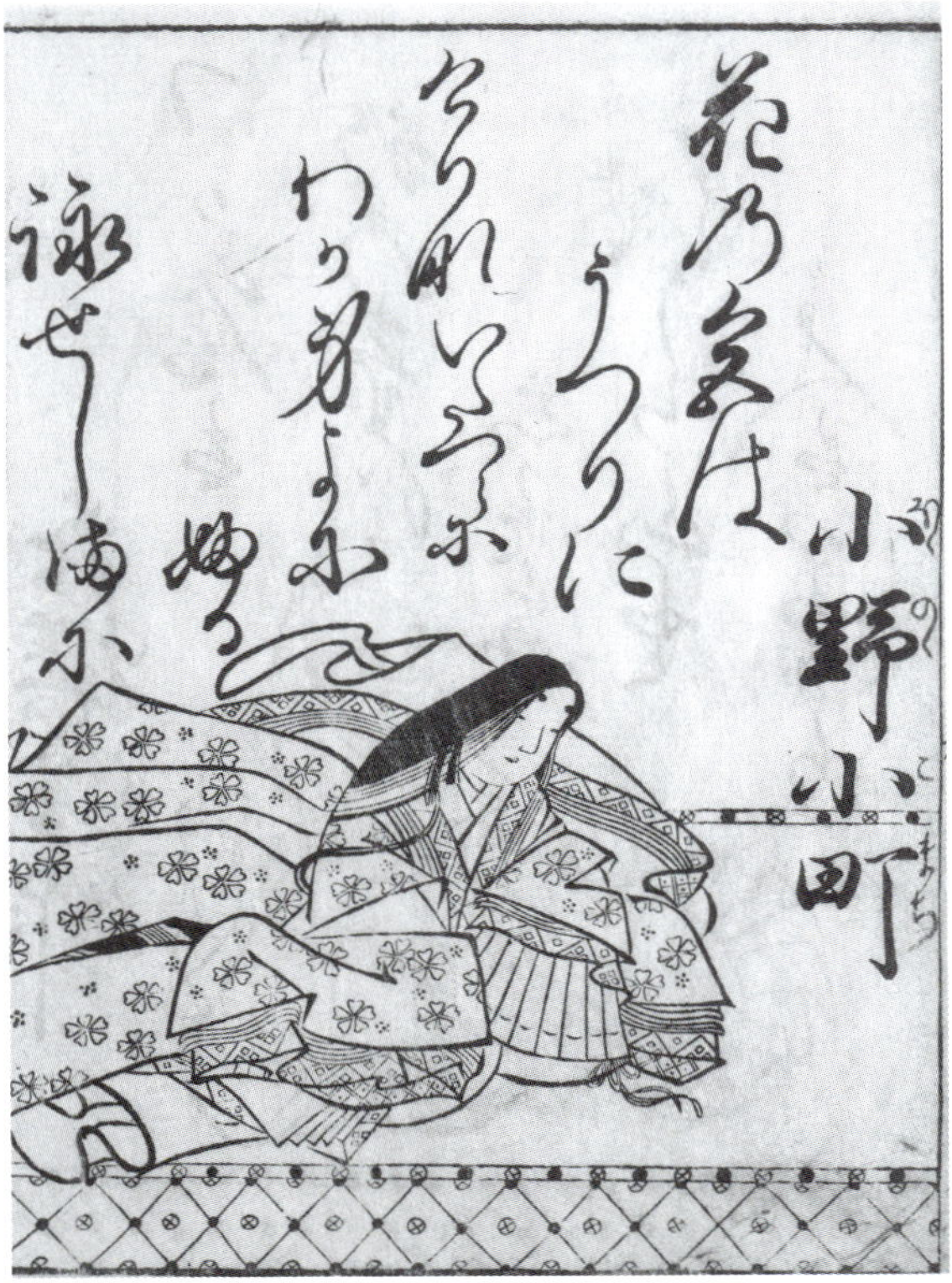

●国立国会図書館所蔵　画／菱川師宣

●色褪せた花に自分をたとえ、百人一首で最も人気がある歌だ。作者の小野小町は平安初期の女流歌人で、六歌仙の一人。伝説の美女として、後世、能や歌舞伎にも取り上げられた。

★次の□を平仮名で埋めよ。

花□色□
□□□□
□□□□□□□□
□□身□□
□□
詠《ながめ》□□□□

読み

花の色は
うつりに
けりないたつらに
わか身よに
ふる
詠せしまに

小倉百人一首
待賢門院堀河

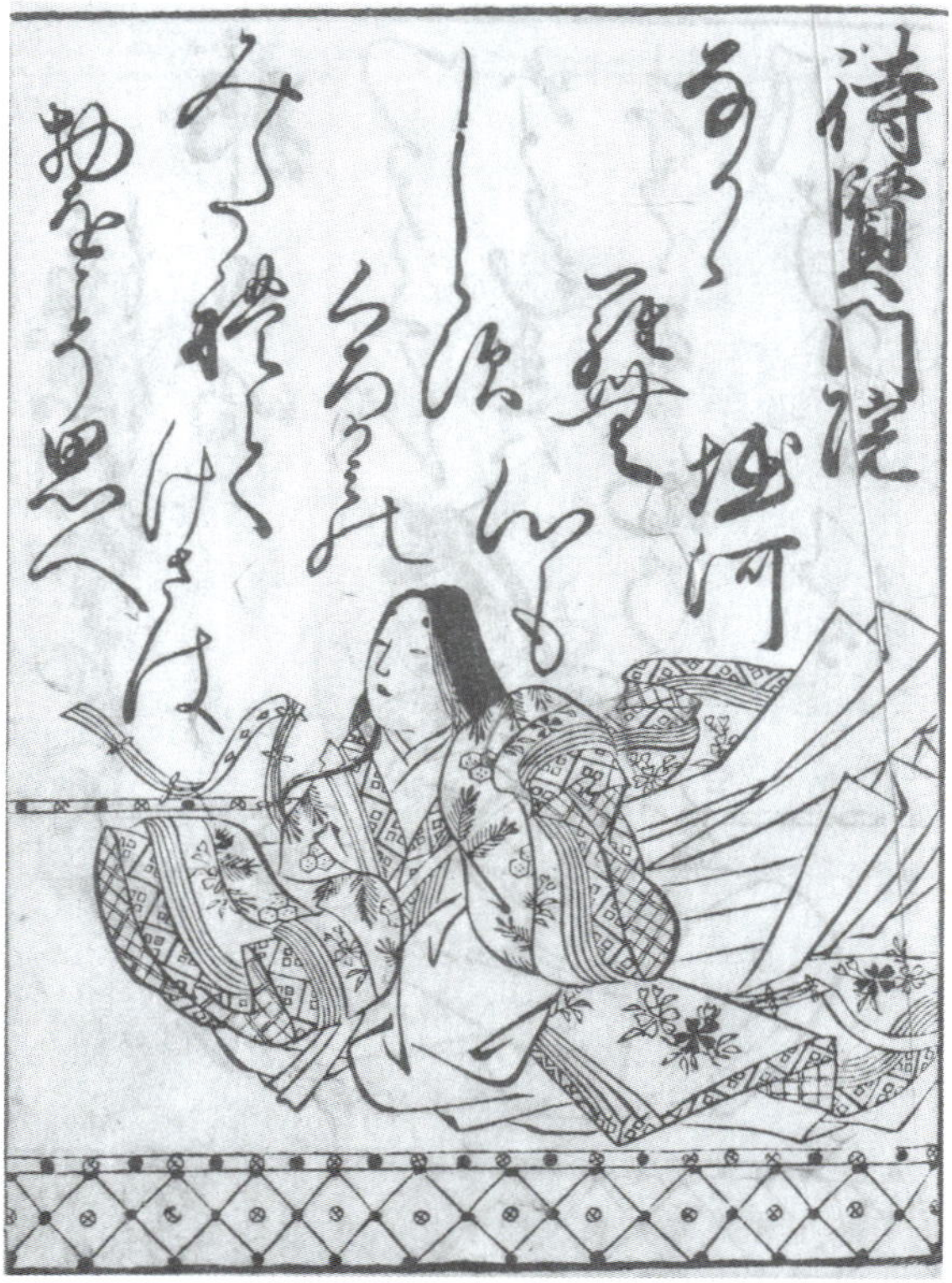

●国立国会図書館所蔵　画／菱川師宣

●鳥羽上皇の中宮、待賢門院・藤原璋子に出仕した平安時代後期の女流歌人。堀河局とも呼ばれる。昨夜の相手の本心はどこにあるか、不安に揺れる女性の心を巧みにうたっている。

★次の□を平仮名で埋めよ。

□□□
□□
心□
□□□
□□□□□
□□□□　□□□
物□□□思□

読み

なかか
らむ
心も
しらす
くろかみの
みたれて　けさは
物をこそ思へ

小倉百人一首
小式部内侍《ないし》

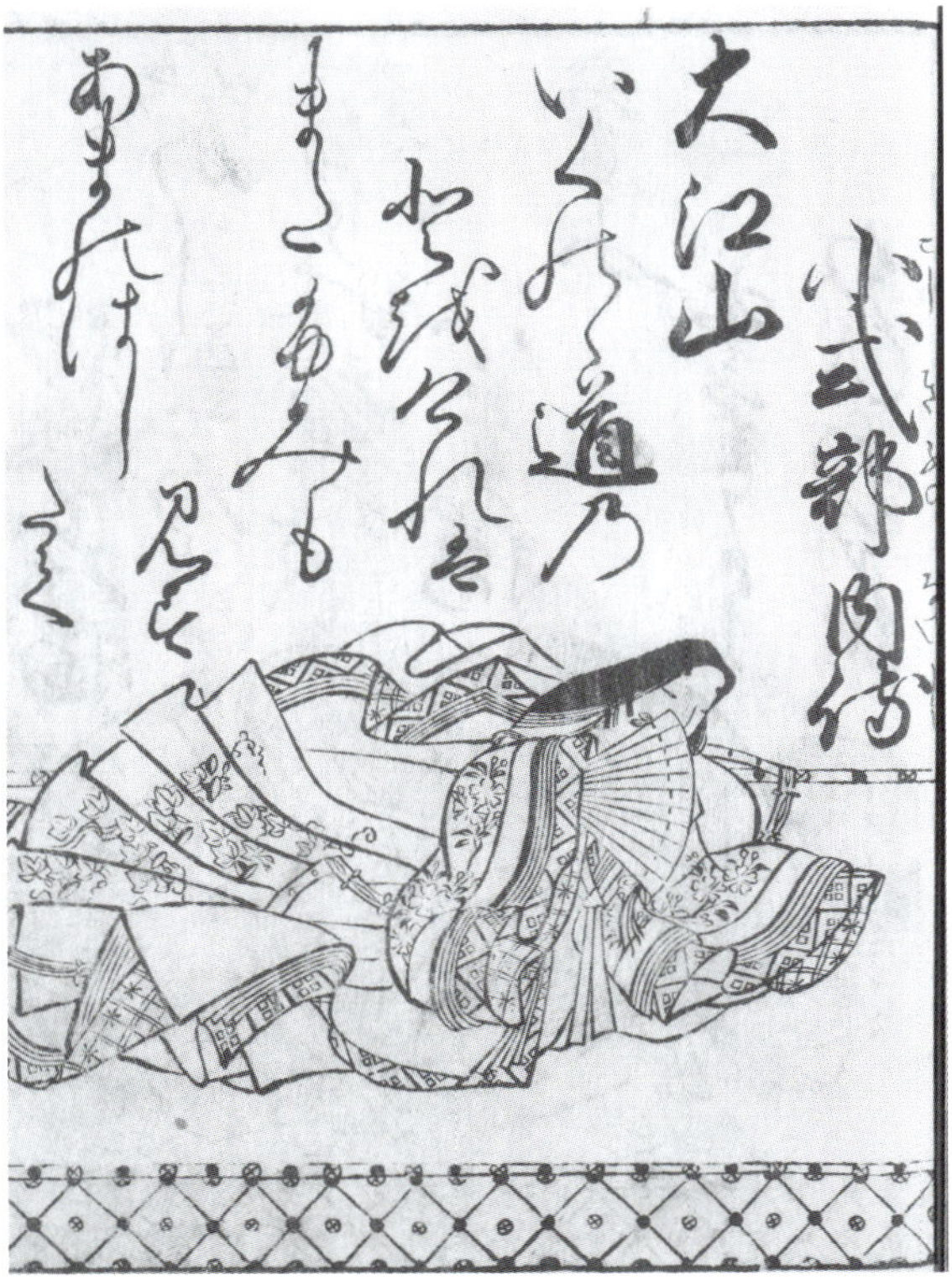

●国立国会図書館所蔵　画／菱川師宣

●平安中期の恋多き女流歌人。母は和歌に優れる和泉式部で、ともに一条天皇の中宮・彰子に仕えた。和歌を母に代筆してもらっていると疑われ、その場でうたって才を見せつけた歌。

★次の□を平仮名で埋めよ。

大江山
□□□□道□
□□□□□
□□□□□
見□
□□□□□
□□

読み

大江山
いくのの道の
とをけれは
またふみも
見す
あまのはし
たて

小倉百人一首
紀貫之

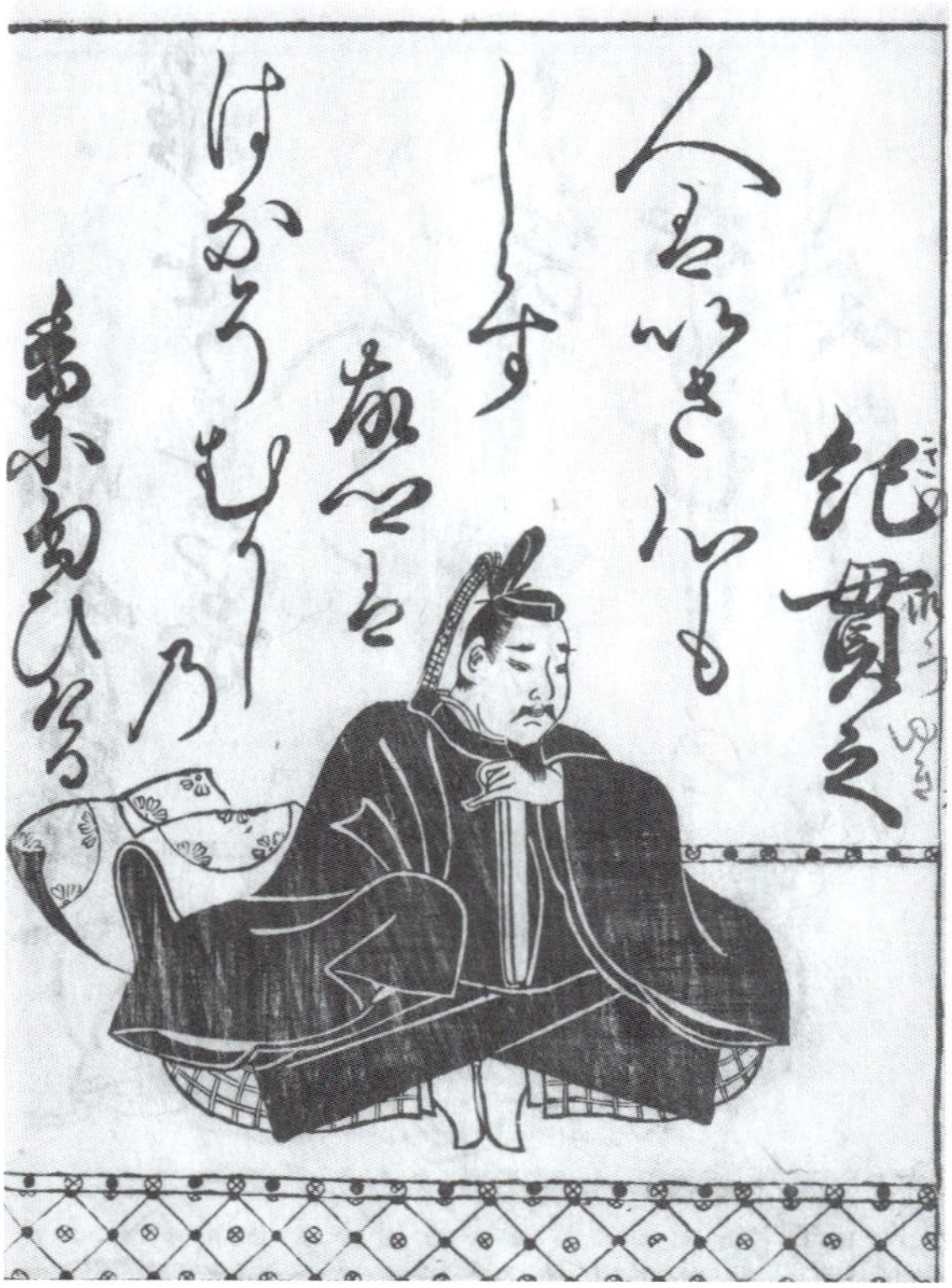

●国立国会図書館所蔵　画／菱川師宣

●平安時代の代表的歌人。『古今集』の中心的な撰者でもある。和歌の舞台は奈良の長谷寺で、久しぶりに訪れたときのことを詠んだ。『土佐日記』を著すなど、多芸多才の才人。

★次の□を平仮名で埋めよ。

人□□□
心□
□□□
故郷□
□□□□□□
□
香□匂□□□

読み

人はいさ
心も
しらす
故郷は
はなそむかし
の
香に匂ひける

小倉百人一首
山邊（部）赤人

●国立国会図書館所蔵　画／菱川師宣

●聖武天皇に仕えた奈良時代の宮廷歌人だ。『万葉集』にも多数載り、柿本人麻呂とともに「歌聖」と称せられる。自然の美しさを詠んだ叙景歌で知られ、この和歌はその代表作。

★次の□を平仮名で埋めよ。

田子□□□□

□□出□

見□□

白妙□

□□□

□□□□

雪□□□□□

読み

田子のうらに
うち出て
見れは
白妙の
ふしの
たかねに
雪はふりつつ

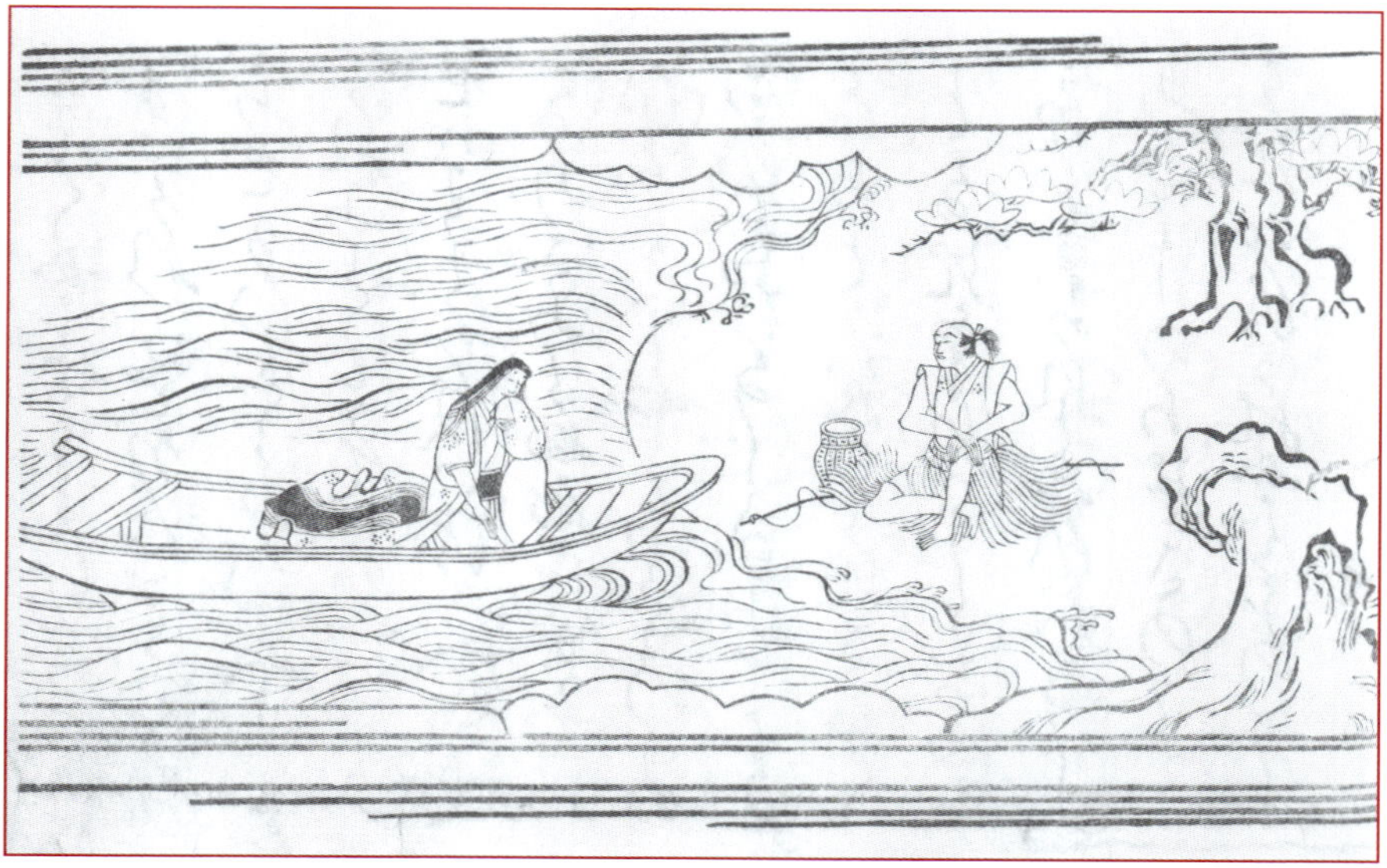

●国立国会図書館所蔵

「御伽草子　第21冊 浦島太郎」

●助けた亀が美女に変身し、太郎の前に登場する場面だ。『御伽草紙』の『浦島太郎』では、龍宮城にいくのに亀の背には乗らない。また、結ばれるのは乙姫ではなく亀だった。さらに箱を開けて老人になるのではなく、鶴となって蓬莱山に向かう。そこで亀と再び夫婦になって幸せに暮らすという結末――。文章が長いが、頑張って読みこなそう。

御伽草子とは

江戸時代の中期、大坂の渋川清右衛門が、室町時代から江戸時代初期にかけてつくられた物語のなかから23編を選び、挿画入りの草紙『御伽文庫』として出版した。これが『御伽草紙』のはじまりとされる。23編には『一寸法師』『鉢かづき』『物くさ太郎』『酒呑童子』に加え、この『浦島太郎』も入っていた。清右衛門の『御伽文庫』が評判となり、その後、多数の類似出版物が刊行される。収録される物語もしだいに増え、その数は約500編にも及んだ。今ではこれらを総称して『御伽草紙』と呼んでいる。

現代に伝わる物語は、明治になって児童教育用に内容を改編したものが少なくない。江戸期の『御伽草紙』を読んで、ちがいを発見してみるのもいいだろう。

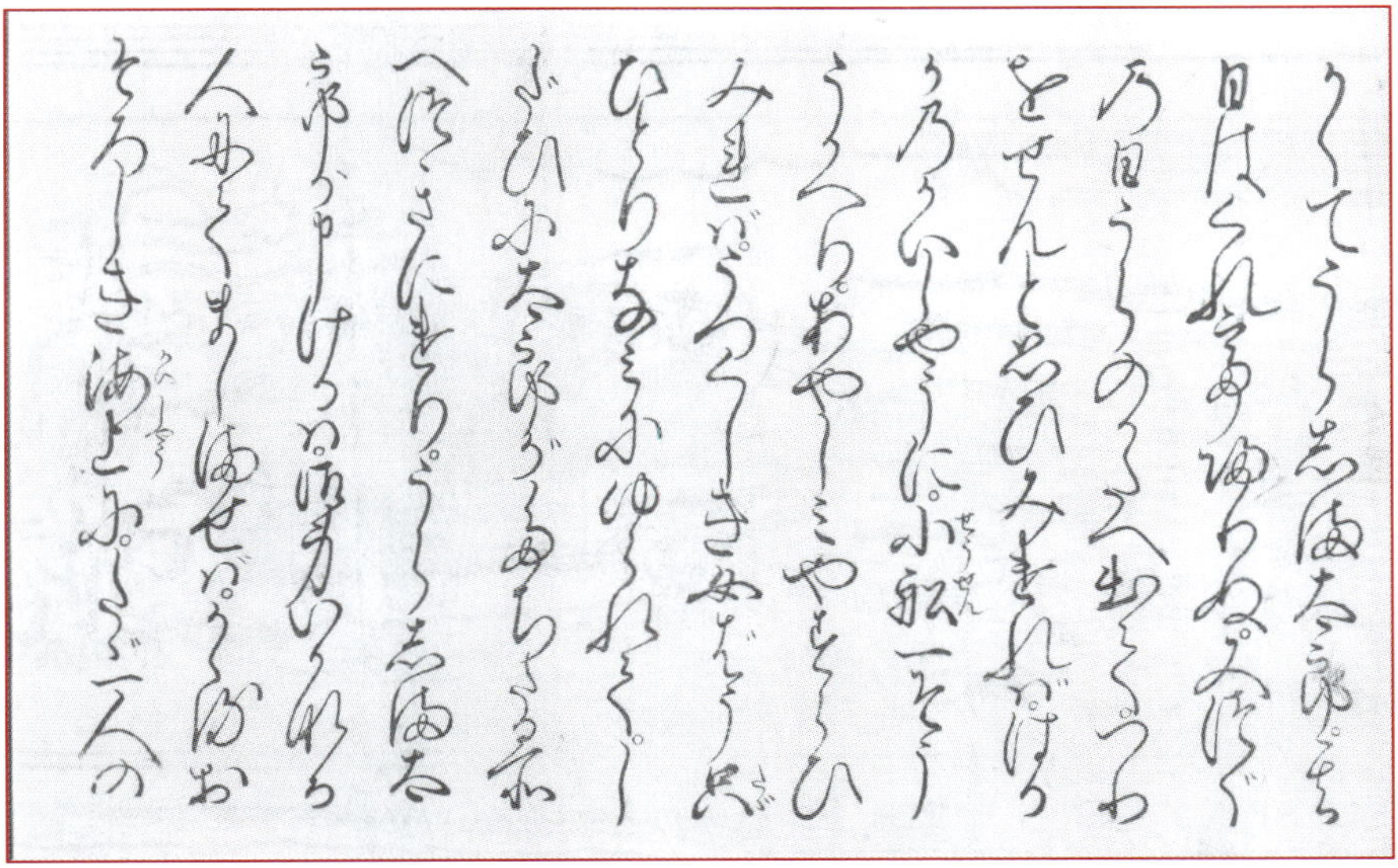

※文中の小さな○印は句読点を表している

★漢字のルビを含め、次の□を平仮名で埋めよ。

□□□□□□□太郎　其
日□□□□帰□□　又□□
□日□□□□□□出□　□□
□□□□思□□□□□　□□
□□□□□□□□　□□□□一□□
□□□□　□□□□□□□□
□□□　□□□□□女□□□□
□□□□□□□□□□　□
□□□太郎□□□□□所
□□□□□□　□□□□太
郎□申□□□　御身□□□□
人□□□□□□□　□□□□
□□□□□□□□□□　□□一人□

読み

かくてうらしま太郎　其
日はくれて帰りぬ　又つぐ（次）
の日うら（浦）のかた（方）へ出て　つり
をせんと思ひみければ　はる
かのかいしやう（海上）に　せうせん（小舟）一そう
うかへり　あやしみやすらひ
みれば　うつくしき女ばう（女房）　ただ
ひとりなみにゆられて　し
だひに太郎がたちたる所
へつきにけり　うらしま太
郎が申けるは　御身いかなる
人にてましませば　かかるお
そろしきかいしやう（海上）に　ただ一人の

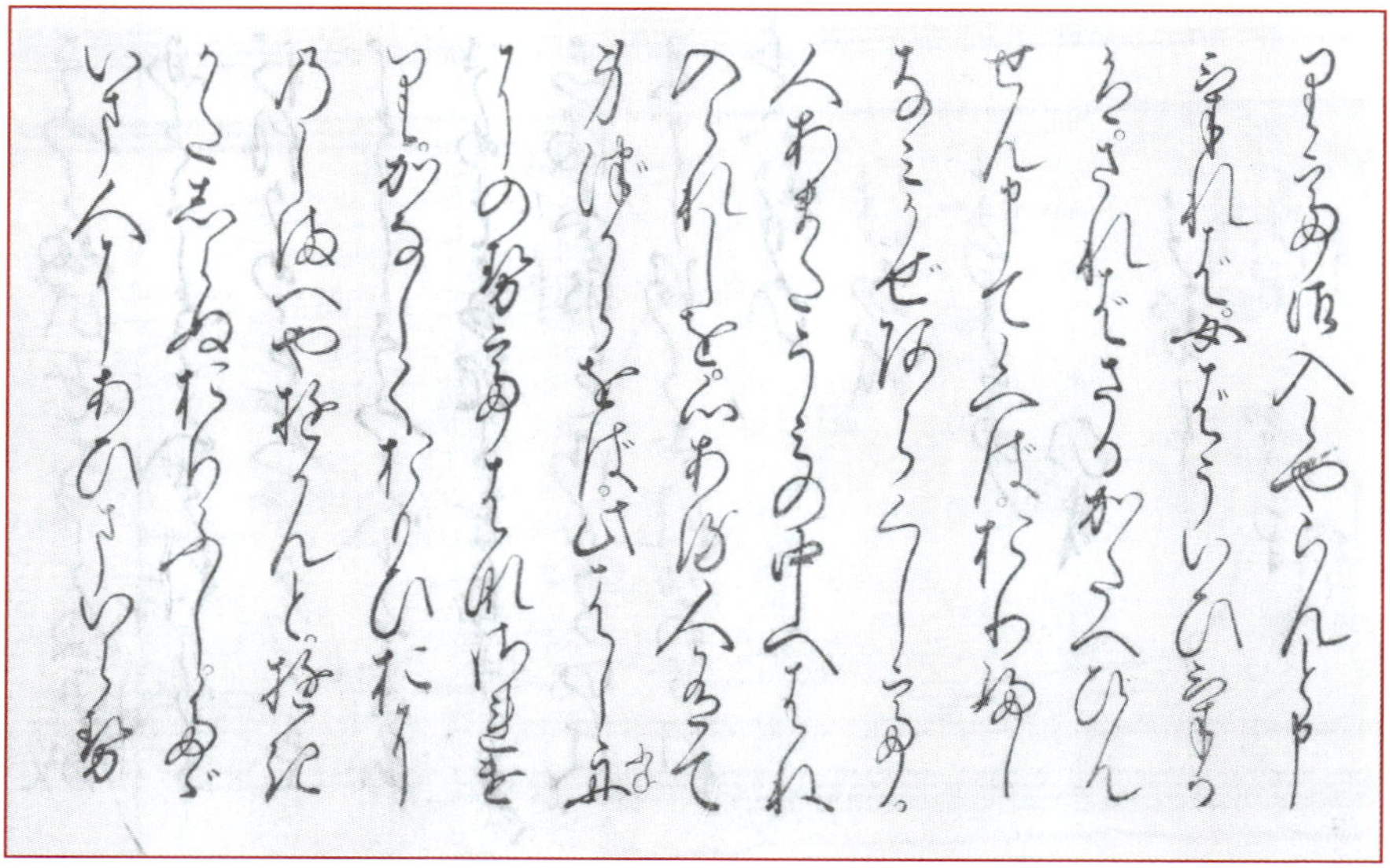

※文中の小さな○印は句読点を表している

★漢字のルビを含め、次の□を平仮名で埋めよ。

（本書ではあつかわない変体仮名には読みを入れた）

※前ページより続く

□て御入候□□□□申
け□□　女□□□□け□
□　□□□□□□□□□□
□□申□候□□　□□□□
□□□□□□□□て
人□□□□□□中□□□
入□□□□　心□□人有□
み□□□□□　此□□□□
□□□て□□□□□
□　□□□□□□□　□□
□□□□□□□□□　□□
□□□□□□□□□　□□
□□人□□□□□□□

読み

りて御入候やらんと申
ければ　女ばういひける
は　さればさるかたへひん
せん（便舟）申て候へば　おりふし
なみかぜあらくして
人あまたうみの中へはね
入られしを　心ある人有て
みづからをば　此はしふね（端舟）
にのせてはなされけ
り　かなしくおもひ　おに（鬼）
のしま（島）へやゆかんと　ゆき
かたしらぬおりふし　ただ
いま人にあひまいらせ

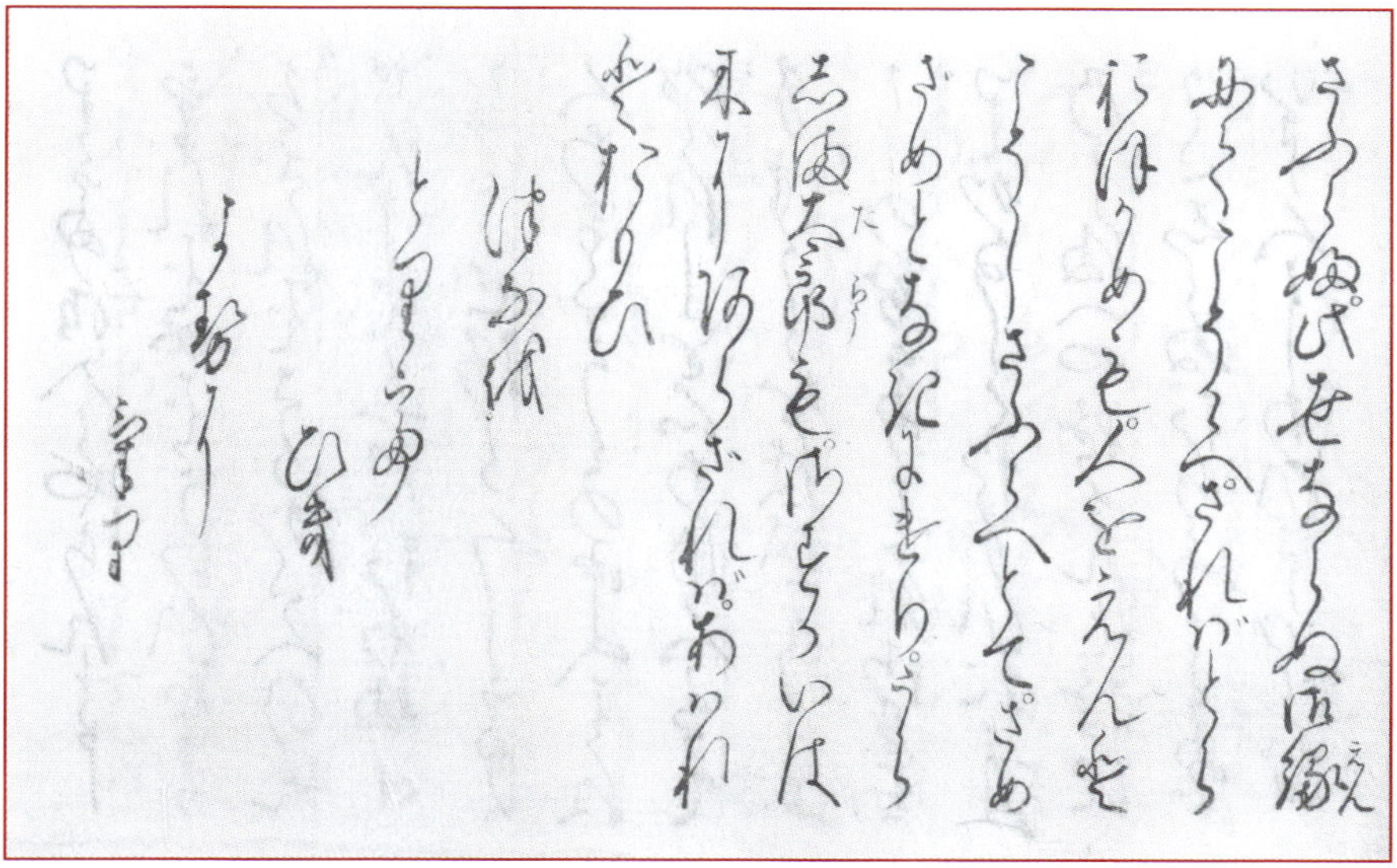

※文中の小さな○印は句読点を表している

★漢字のルビを含め、次の□を平仮名で埋めよ。
（本書ではあつかわない変体仮名には読みを入れた）
※前ページより続く

□□□□此世□□□御□□
□□□□候□　□□□□□
□□□□□人□□□□□
□□□□□□□□□□　□□
□□□□□□□□□　□□
□□□□□□□□　□□□□
木□□□□□□　□□□
□□□□
□□□て
□□□
□□
□□□
け□

読み

さふらふ　此世（このよ）ならぬ御縁
にてこそ候へ　さればとら（虎）
おほかめ（狼）も　人をえんと
こそしさふらへとて　さめ
ざめとなきにけり　うら
しまたらう（太郎）も　さすかいは（岩）
木にあらざれば　あはれ
とおもひ
つなを
とりて
ひき
よせに
けり

土佐日記～群書類従《ぐんしょるいじゅう》／紀行部　巻327

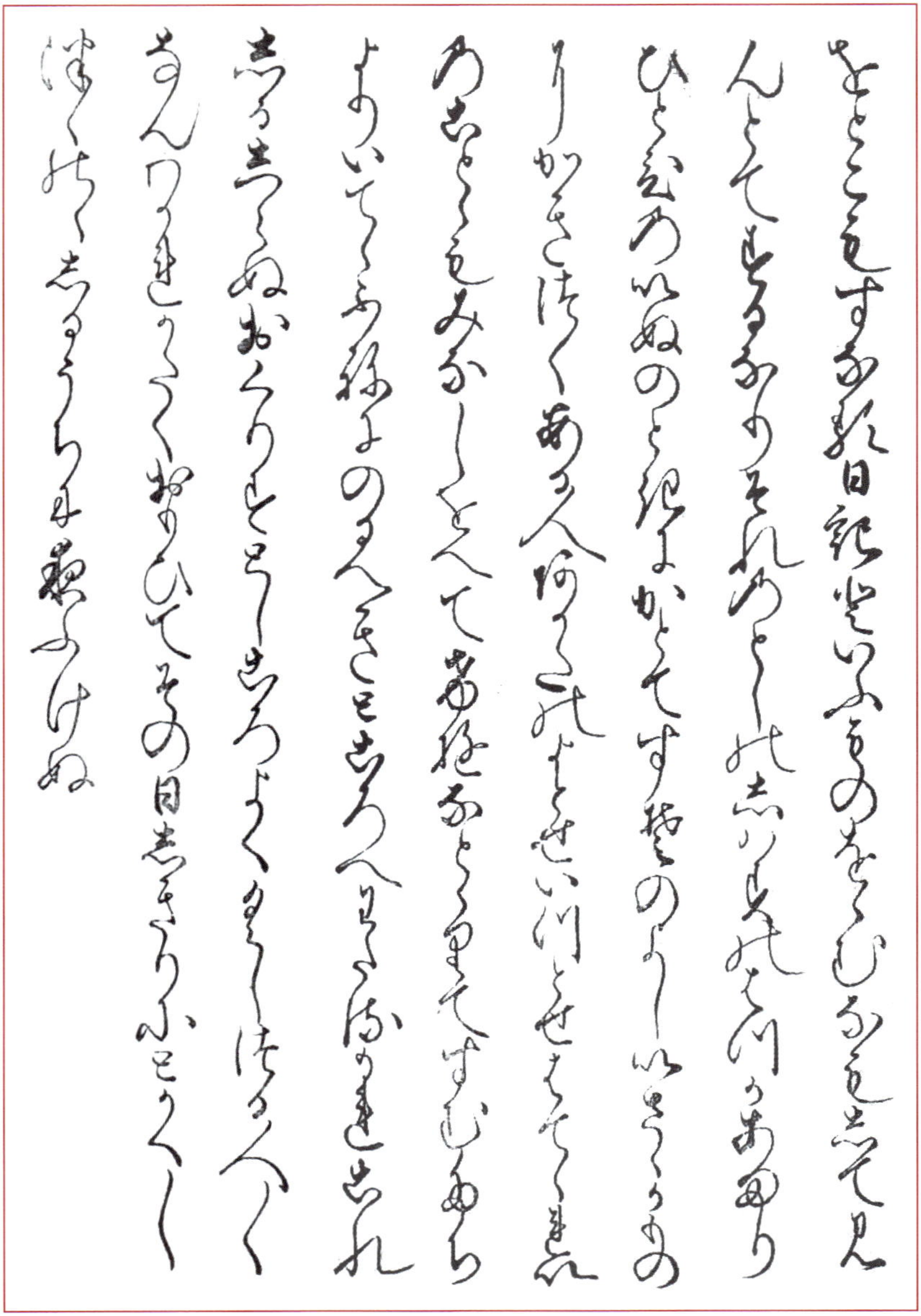

●国立国会図書館所蔵

●作者は平安中期の歌人・紀貫之。国司として赴任していた土佐を後に、京に帰るまでを虚実交えてつづった。男は漢文という風潮にしばられず、女性のものだった平仮名を用いた点が注目される。本邦初の仮名書きの日記文学であり、以降の女流日記文学の発展に大いに貢献した。

群書類従とは

国学者の塙保己一（はなわほきいち）が江戸中期に編纂した一大叢書。古代から江戸初期の著作までを収録し、全５３０巻・６６６冊で構成される。ちなみに『土佐日記』は巻３２７である。群書類従は1行を約20字とし、見開き2ページで20行の木版刷りとした。そのため大変読みやすく、後の４００字詰め原稿用紙のもとになったとされる。

★次の□を平仮名で埋めよ。

□□□□□□□日記□□□□□□□□□□□□見
□□□□□□□□□□□□□□□□□□□□□□□
□□□□□□□□□□□□□□□□□□□□□□□□
□□□□□□□人□□□□□□□□□□□□□□□□
□□□□□□□□□□□□□□□□□□□□□□
□□□□□□□□□□□□□□□□□□□□□□□
□□□□□□□□□□□□□□□□□□□人□□
□□□□□□□□□□□□□□日□□□□□□□□
□□□□□□□□□夜□□□

読み

をとこ（男）もすなる日記といふものを　をむな（女）もして見
んとてするなり　それのとし（年）のしはす（師走）のはつか（二十日）あまり
ひとひ（一日）のいぬのとき（戌の時）にかとて（門出）す　そのよし　いささかもの
にか（書）きつく　ある人あかた（県）のよとせいつとせ（四年五年）は（果）て
て　れい（例）
のことともみなしをへて（終えて）　けゆ（解由＝交代の事務手続き）なととり（取
り）て　すむたち（住む館）
よりいてて（出でて）　ふね（船）にのる（乗る）へきところへわたる　かれこれ
しるしらぬ（知る知らぬ）　おくり（送り）す　とし（年）ころよくくしつる（親し
くしていた）人ひと
なんわかれかたく（別れ難く）おもひて　その日しきりにとかくし
つつ（あれこれしながらの意味）　ののしる（騒ぐの意味）うちに夜ふけぬ

妙でんす　十六利勘　朝寝者損者《あさねはそんじゃ》

●国立国会図書館所蔵

妙でんす　十六利勘　朝寝者損者《あさねはそんじゃ》（部分拡大）

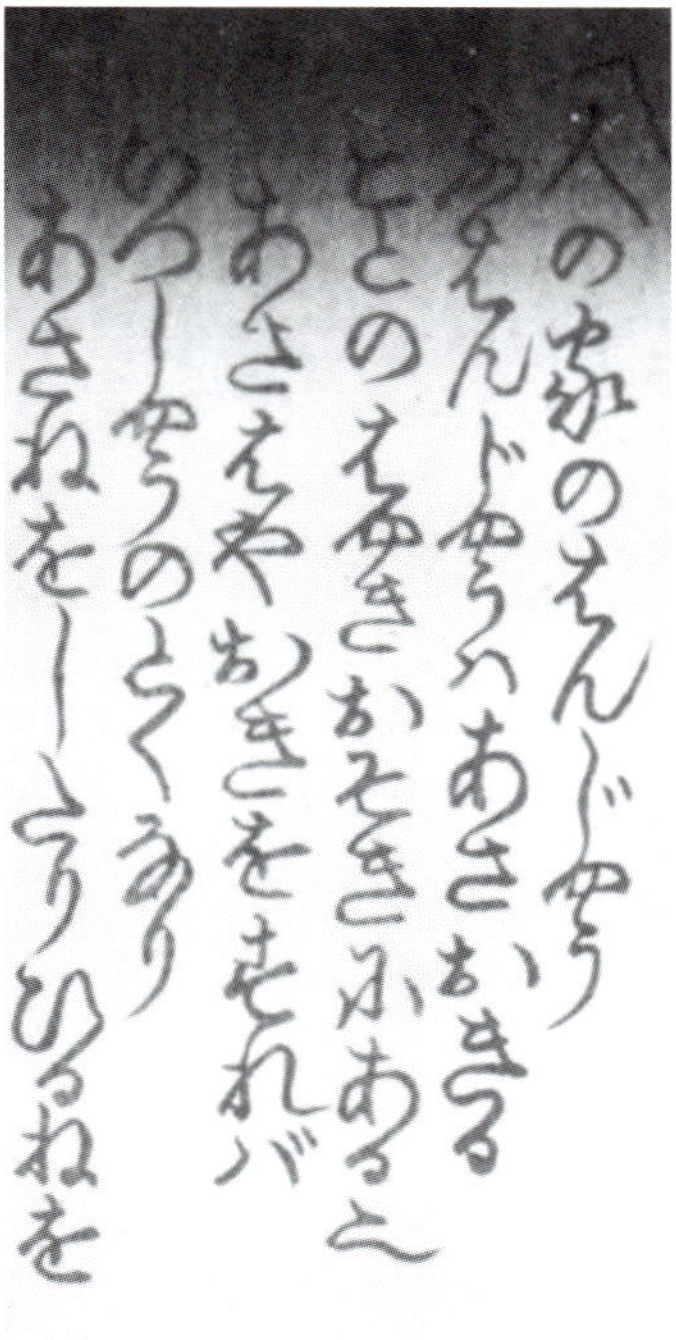

●歌川国芳の16枚からなる教訓シリーズ。右上に不眠を誓って修行した釈迦の弟子・阿那律を描き、朝寝坊を戒めている。国芳は「武者絵の国芳」と呼ばれ、幕末期に国貞、広重と人気を分けた人気浮世絵師である。無類の猫好きで、彼の絵にはしばしば猫が登場する。この連作では「一勇齋国芳」の号を用いた。

★次の□を平仮名で埋めよ。

人□家□□□□□□
□□□□□□□□□□□□
□□□□□□□□□□□□也
□□□□□□□□□□
□□□□□□□□□□
□□□□□□□□□□□

読み

人の家のはんじやう
ふはんじやうは　あさおきる
ことのはやおきおそきにある也
あさはやおきをすれば
いつしやうのとくなり
あさねをしたり　ひるねを

妙でんす　十六利勘　朝《あさ》寝《ね》者《は》損《そん》者《じゃ》（部分拡大）

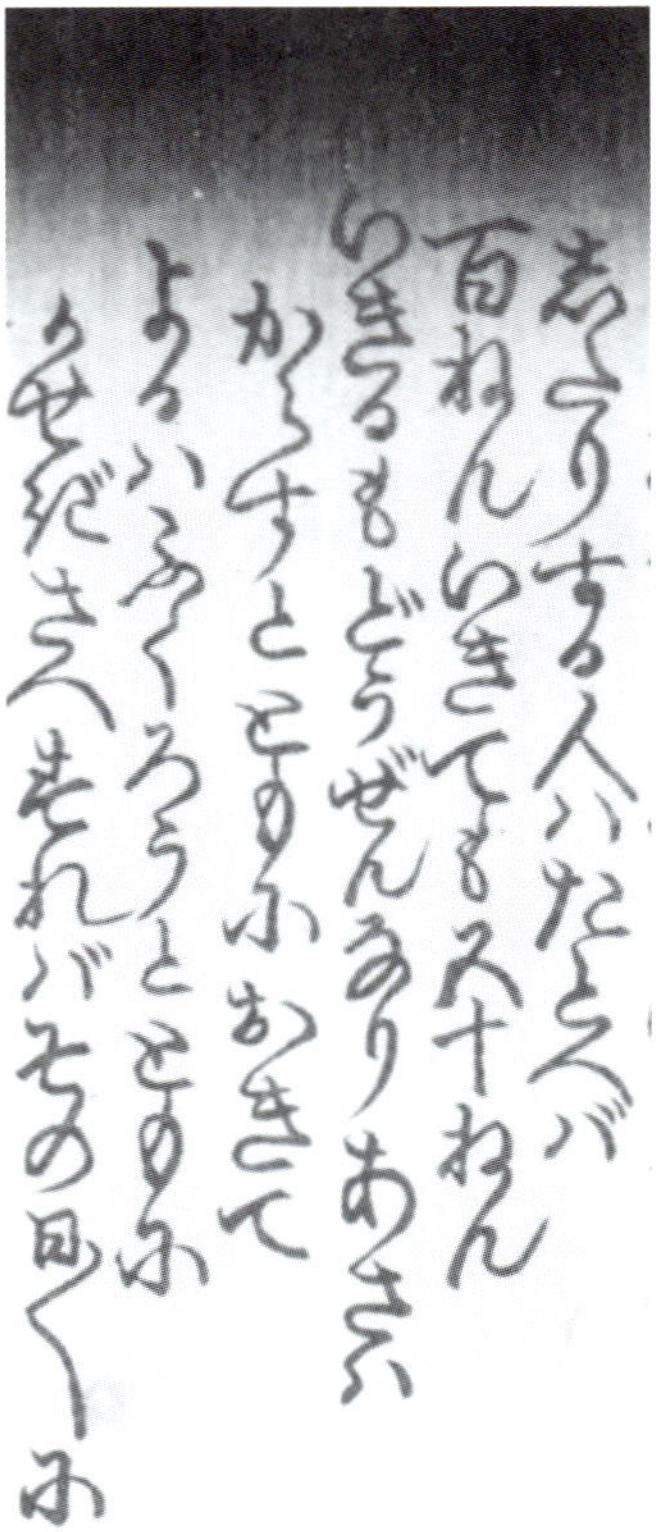

★次の□を平仮名で埋めよ。

※前ページより続く

□□□□□人□□□□□
百□□□□□□五十□□
□□□□□□□□□□□□□
□□□□□□□□□□
□□□□□□□□□□□
□□□□□□□□□□日□□日□

読み

したりする人は　たとへば
百ねんいきても五十ねん
いきるもどうぜんなり　あさは
からすとともにおきて
よるはふくろうとともに
かせざさへすれば　その日その日に

妙でんす　十六利勘　朝寝者損者《あさねはそんじや》（部分拡大）

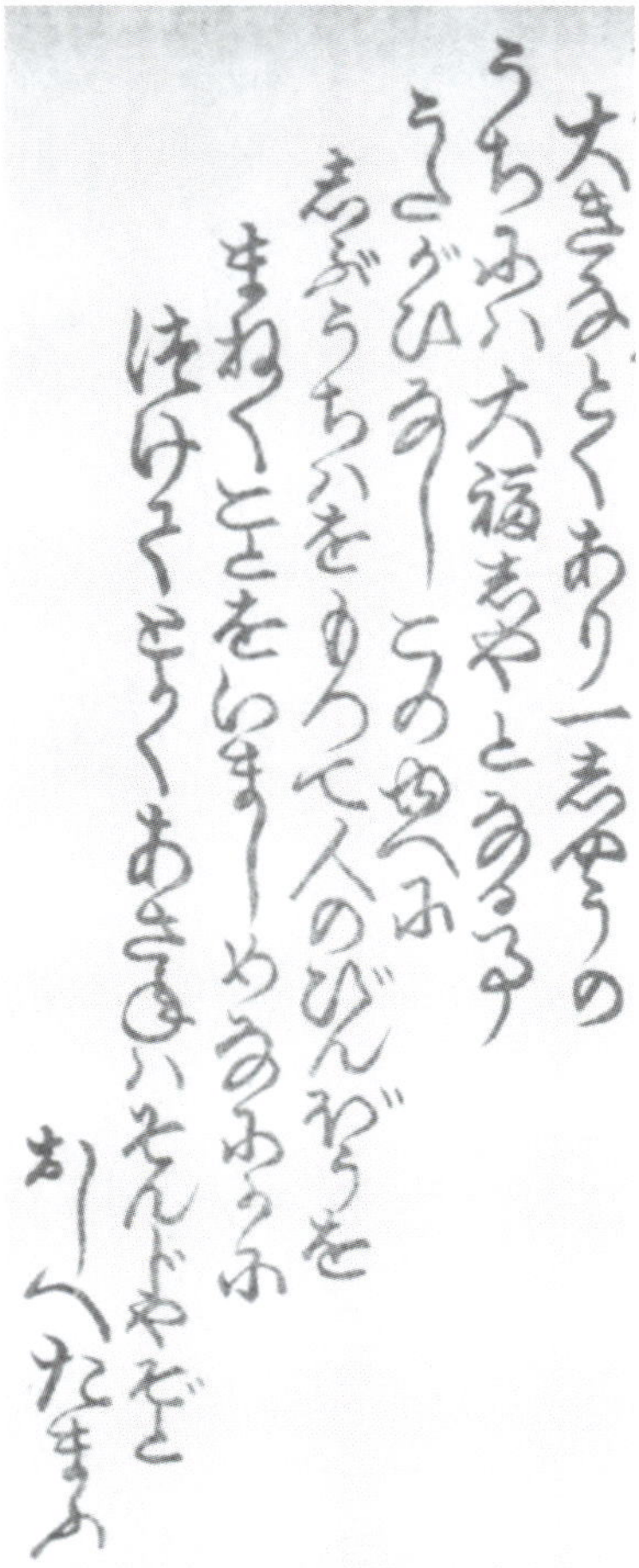

★次の□を平仮名で埋めよ。

※前ページより続く

大□□□□□□一□□□□
□□□□大福□□□□□事
□□□□□□□□□□□
□□□□□□□□□人□□□□□□
□□□□□□□□□□□□□□
□□□□□□□□□□□□□□□□
□□□□□□

読み

大きなとくあり　一しやうの
うちには　大福しやとなる事
うたがひなし　このゆへに
しぶうちはをもつて人のびんぼうを
まねくことをいましめ　なにかに
つけて　とかくあさねはそんじやぞと
おしへたまふ

妙でんす　十六利勘　短気者損者《たんきはそんじゃ》

●国立国会図書館所蔵

妙でんす　十六利勘　短気者損者《たんきはそんじゃ》（部分拡大）

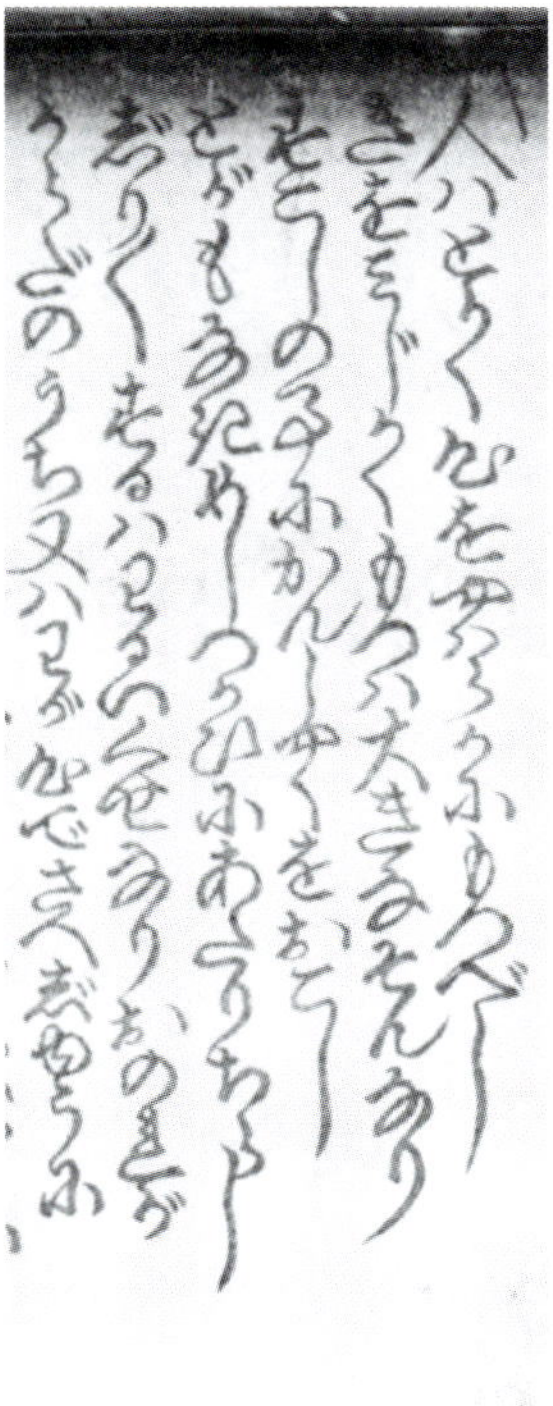

★次の□を平仮名で埋めよ。

人□□□□心□□□□□□□□□□
□□□□□□□□□大□□□□□□
□□□□事□□□□□□□□□□
□□□□□□□□□□□□□□□□□
□□□□□□□□□□□□□□□□□□
□□□□□□又□□□心□□□□□□□

読み

人はとかく心をやはらかにもつべし
きをみじかくもつは　大きなそんなり
すこしの事にかんしやくをおこし
とが（罪）もなきめしつかひ
（召使）にあたりちらし
じりじりするは
わるいくせなり　おのれが
からだのうち　又は　わが心でさへ
じゆうに

●国芳の人気シリーズ「妙でんす十六利勘」のうち、短気を諌める内容。刊行は天保14（1843）年で、美人絵や役者絵を禁じた水野忠邦の天保改革の最中だった。教訓を説くゆえに、連作はなんとか出版禁止を免れた。なお息苦しい改革に抗し、国芳は『源頼光公館土蜘作妖怪図』で将軍や幕閣を風刺してもいる。

妙でんす　十六利勘　短気者損者《たんきはそんじゃ》（部分拡大）

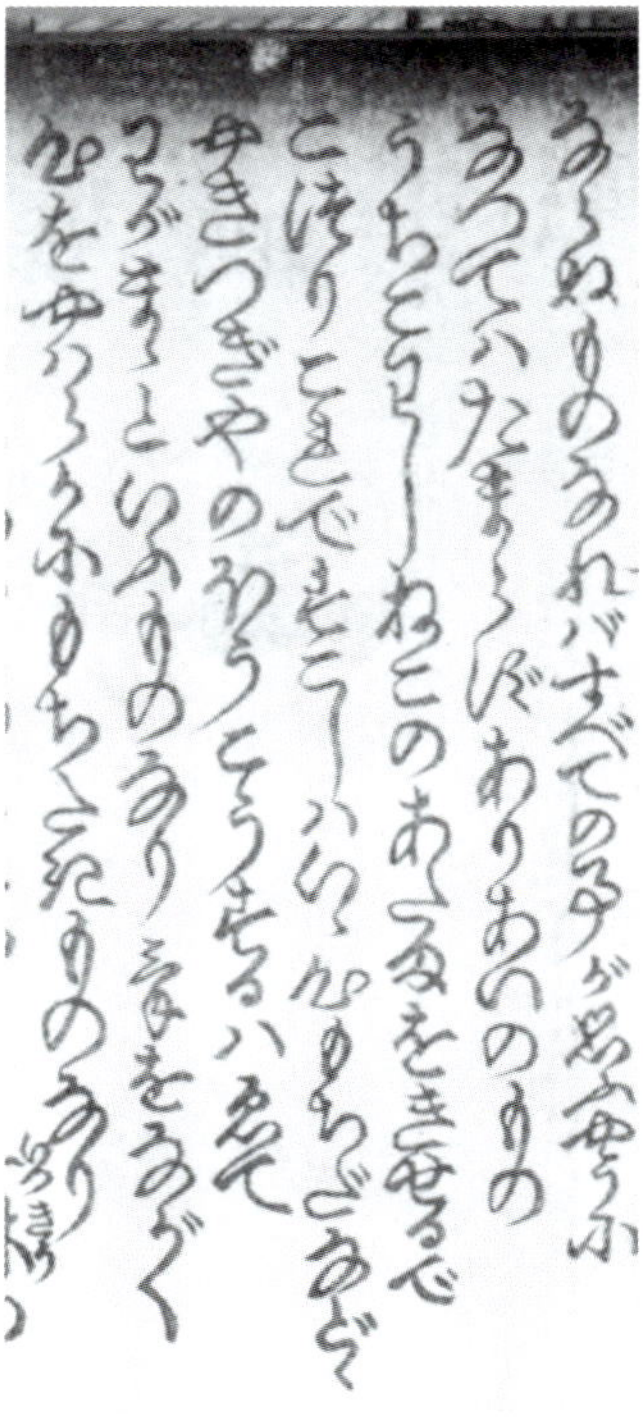

★次の□を平仮名で埋めよ。

※前ページより続く

□□□□□□□□□□□□事□思□□□□
□□□□□□□□□□□□□□□
□□□□□□□□□□□□□□□□
□□□□□□□□□□□□心□□□□□□
□□□□□□□□□□□□□□□
□□□□□□□□□□□気□□□□
心□□□□□□□□□□□□□□

読み

ならぬものなれば
すべての事が思ふやうに
なつてはたまらず　ありあいのもの
うちこわし　ねこ（猫）のあたまをき
せる（煙管）で
こつり　これですこしはいい心もちだな
どと
やきつぎや（焼継屋）のほうこう（奉
公）するは　ゐて
わがままといふものなり
気をながく
心をやはらかにもちたきものなり

妙でんす　十六利勘　短気者損者《たんきはそんじゃ》（部分拡大）

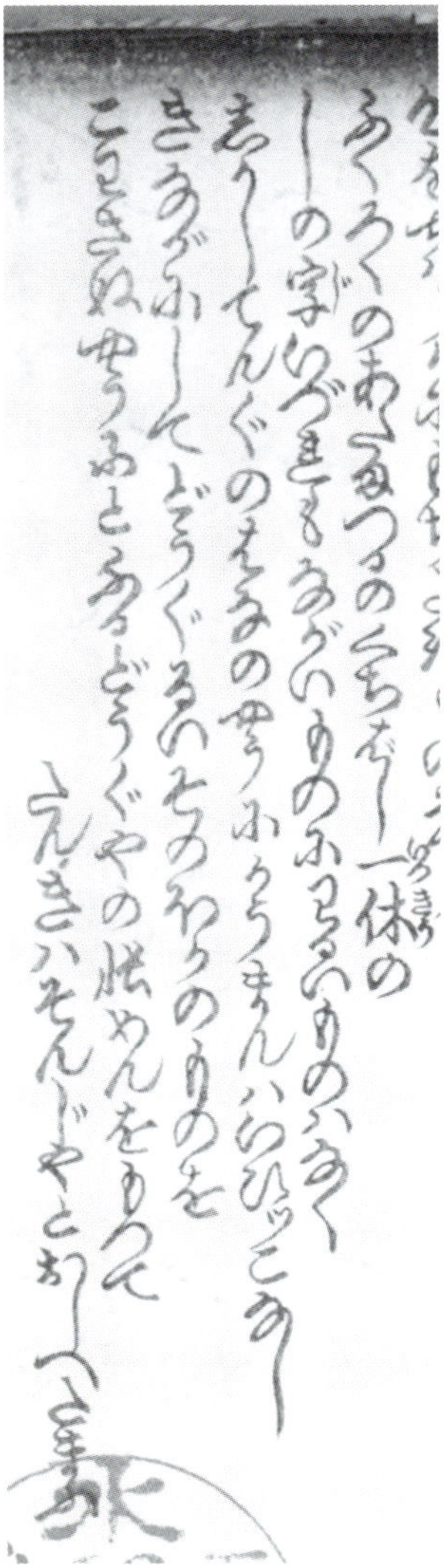

★次の□を平仮名で埋めよ。

※前ページより続く

□□□□□□□□□□□□□□□一休□
□□□□□□□□□□□□□□□□□□□□□
□□□□□□□□□□□□□□□□□□□□ツ□□□
□□□□□□□□□□□□□□□□□□□
□□□□□□□□□□□□□□□帳□□□□□□
□□□□□□□□□□□□□□□

※文中の「一休のしの字」とは、一休禅師が比叡山延暦寺から山麓の坂本まで、延々と続く「し」の字を書いたという説話から。焼継屋は瀬戸物の修理屋

読み

ふくろく（福禄寿）のあたま　つるの
くちばし　一休の
しのじ　いづれもながいものにわるいも
のはなく
しかし　てんぐ（天狗）のはなのやう
に　かうまんはいひッこなし
きながにして　どうぐるい（道具類）
そのほかのものを
こわさぬやうにと　ふるどうぐや（古
道具屋）の帳めんをもつて
たんきはそんじやとおしへたまふ

C O L U M N

スマホでくずし字学習「KuLA」

電車で移動中に、スマホでくずし字を学ぶ。そんなことを可能にしたのが「くずし字学習支援アプリKuLA」だ。

うれしいのは無料でダウンロードできること。iOS版とAndroid版があり、「iTunes Store」、「Google Play」で手軽に入手できる。

「KuLA」には三つのモジュールが搭載されている。まずは「まなぶ」機能から。原本から採取した3000以上の用例をもとに、変体仮名ほか278字が効果的に学習していける。テストもこの「まなぶ」機能に付属していて、本書で力をつけたあなたなら、かなりの高得点が発揮できるはず。

続いて「よむ」機能だが、鴨長明の『方丈記』や刀剣書『新刃銘尽後集』ほかを収録。これらを教材として読解訓練を積めば、よりレベルアップが図れるだろう。

で、どうしても読めない字があったときに便利なのが「つながる」機能だ。スマホのカメラで撮影してネットにアップすれば、他のユーザーからヘルプしてもらえる。

キャラクターの「しみまる」がガイドしてくれ、使い勝手も極めていい。本書の卒業生にはまさに打ってつけのアプリである。

なお、「KuLA」は教育プログラムの一環として、大阪大学が中心になって開発した。

※2019年11月現在の情報になります。

巻末付録

迷ったら繰り返しチェック

「48音くずし字」一覧

代表的な平仮名のくずし字を「あいうえお」順にまとめた。
読んでいて判読できない字が出てきたら、この一覧表から探そう。
上段に現用字体のもとになった字母と字体、
下段にそれ以外の変体仮名の字母と字体を並べた。
なお、くずし字の字体は、書作家の樋口英一氏に書き起こしていただいたものだ。

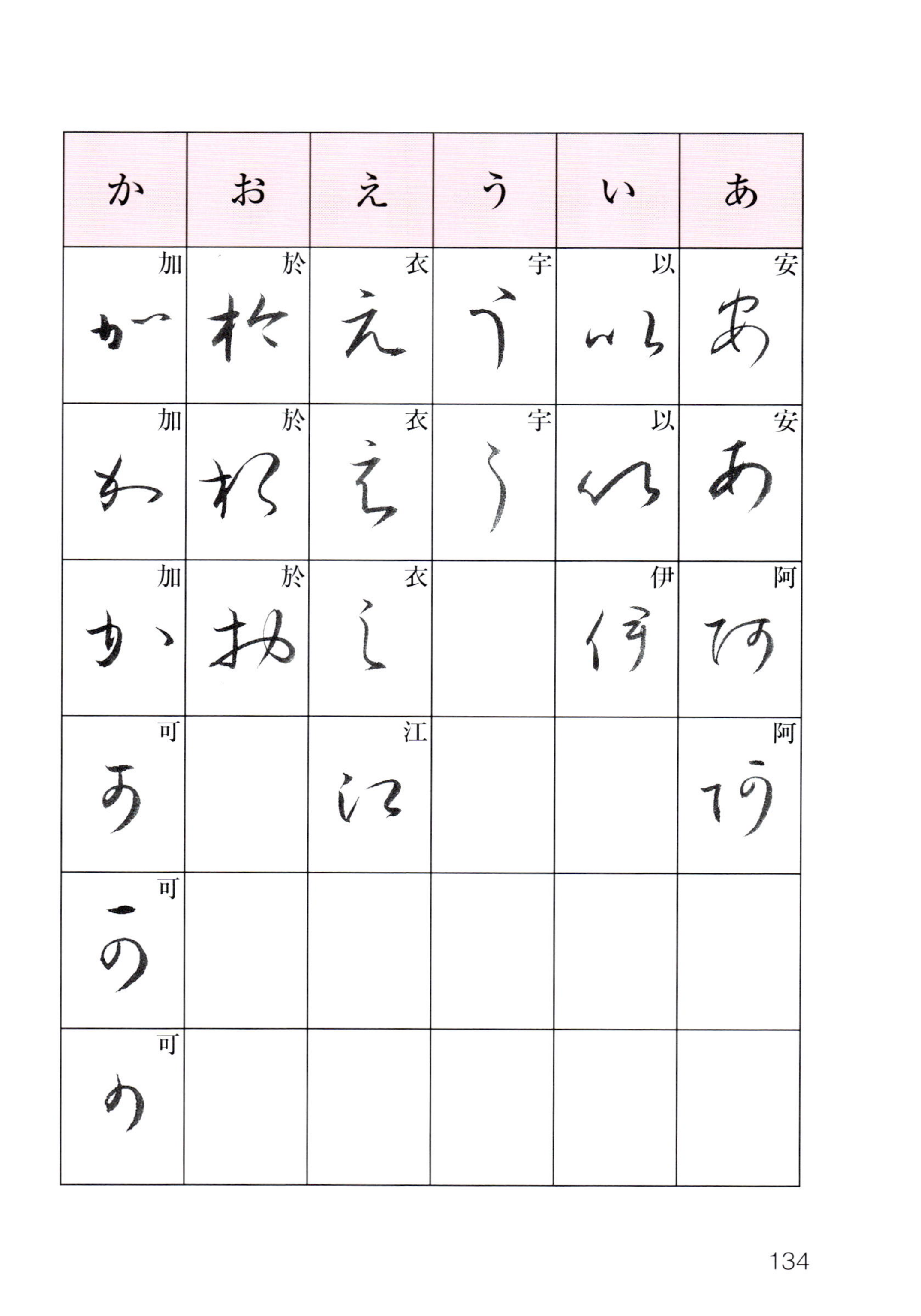

か	お	え	う	い	あ
加	於	衣	宇	以	安
加	於	衣	宇	以	安
加	於	衣		伊	阿
可		江			阿
可					
可					

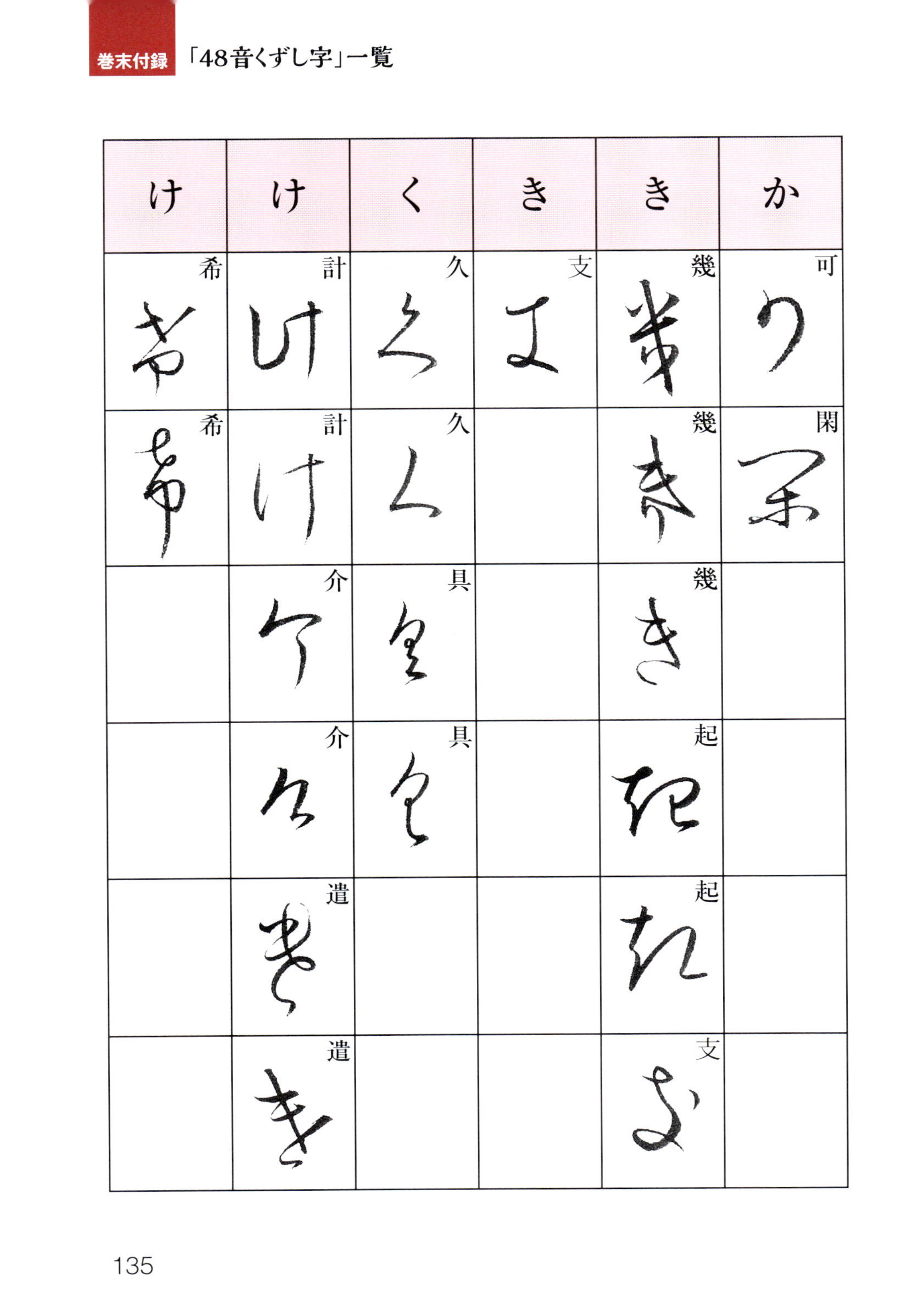

け	け	く	き	き	か
希	計	久	支	幾	可
希	計	久		幾	閑
	介	具		幾	
	介	具		起	
	遣			起	
	遣			支	

そ	せ	す	し	さ	こ
曾	世	寸	之	左	己
曾	世	春	之	左	己
曾	世	春	志	佐	己
曾	勢	寿	志	佐	古
楚		寿			古
楚		須			

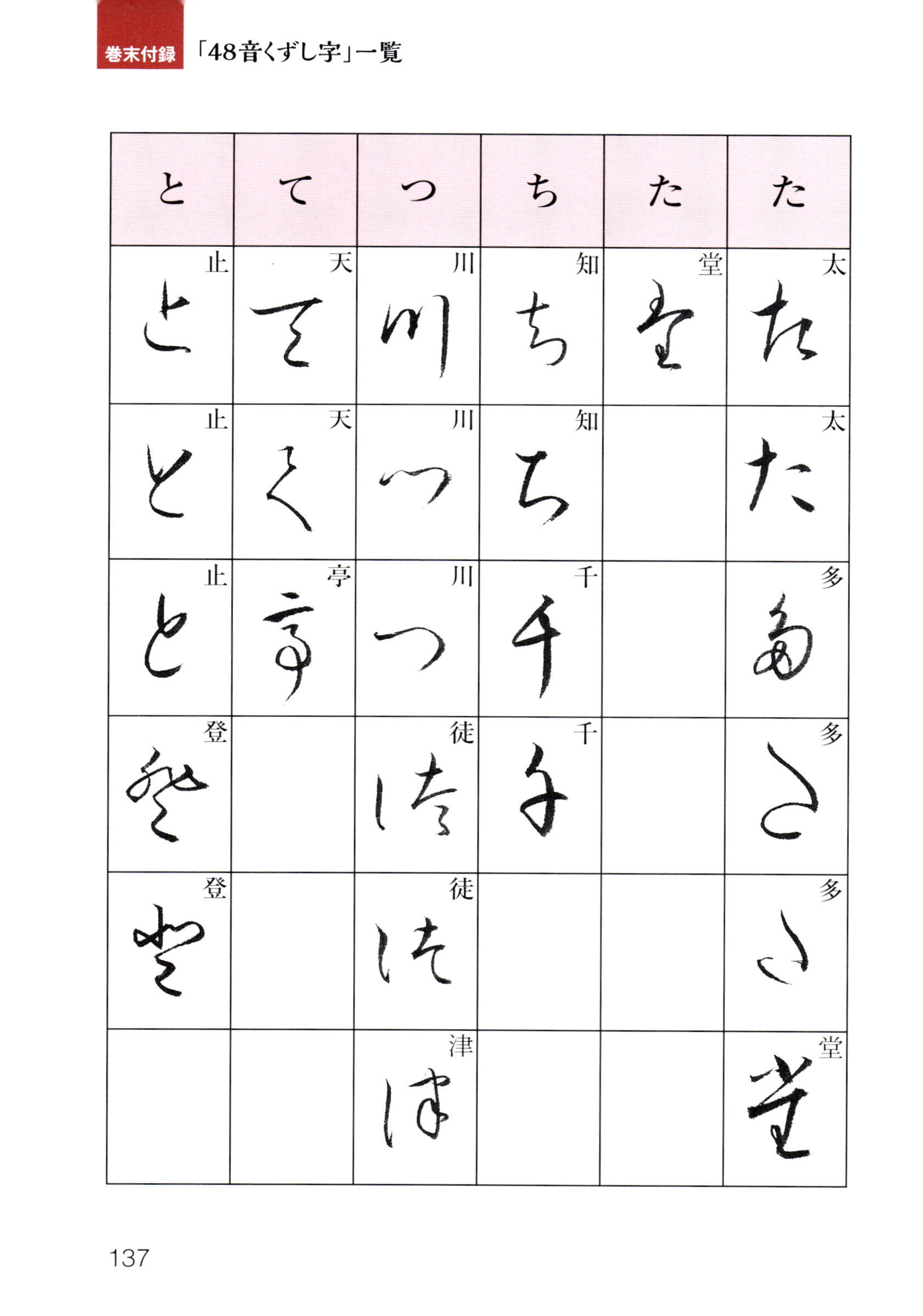

と	て	つ	ち	た	た
止	天	川	知	堂	太
止	天	川	知		太
止	亭	川	千		多
登		徒	千		多
登		徒			多
		津			堂

の	ね	ぬ	に	に	な
乃	祢	奴	丹	仁	奈
乃	祢	怒		尓	奈
能	年			尓	奈
能	年			尓	那
農				耳	那
農				耳	

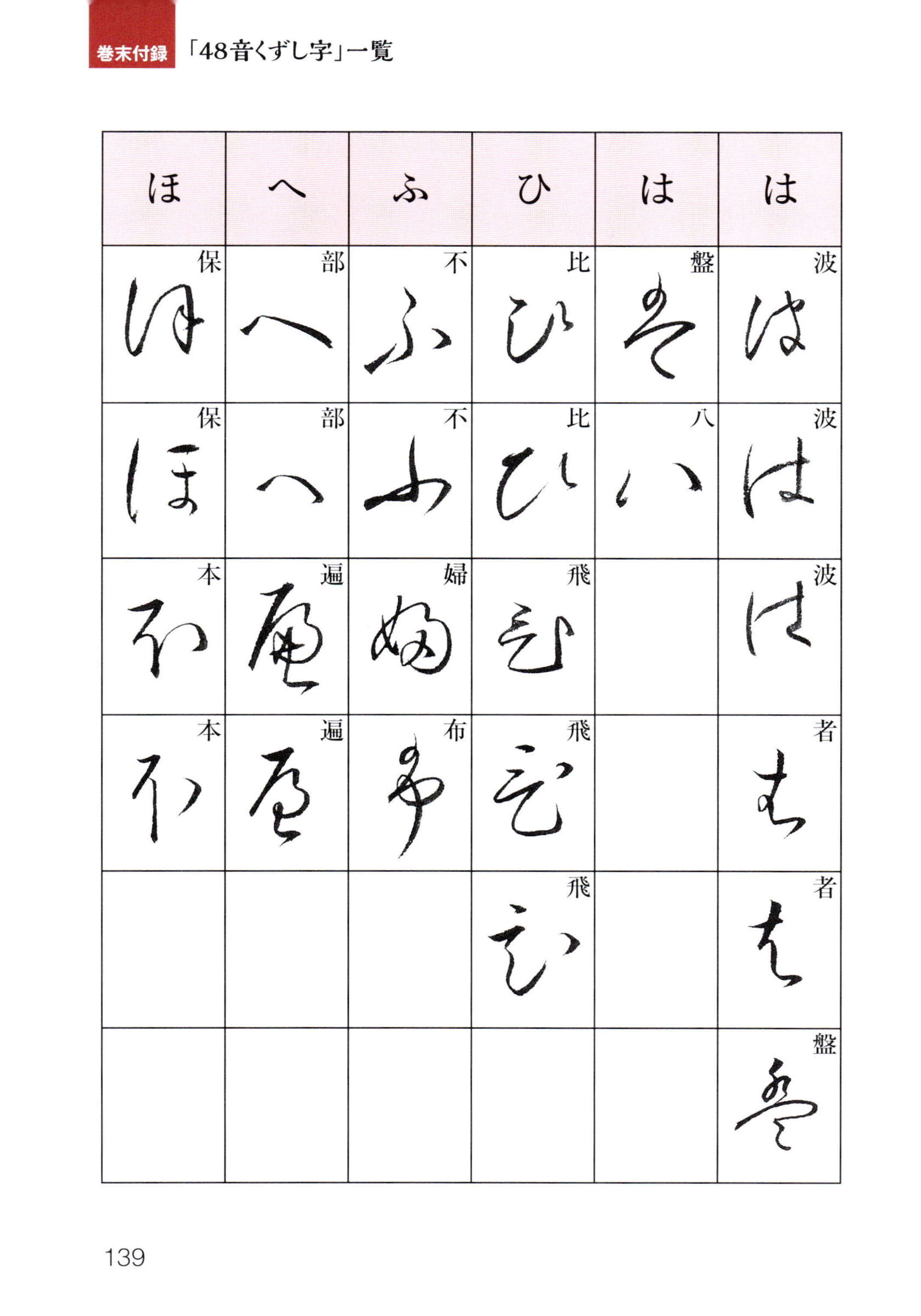

ほ	へ	ふ	ひ	は	は
保	部	不	比	盤	波
保	部	不	比	八	波
本	遍	婦	飛		波
本	遍	布	飛		者
			飛		者
					盤

や	も	め	む	み	ま
也	毛	女	武	美	末
也	毛	女	無	美	末
屋	毛	免		三	万
屋	毛	免		三	万
	茂				満
	茂				満

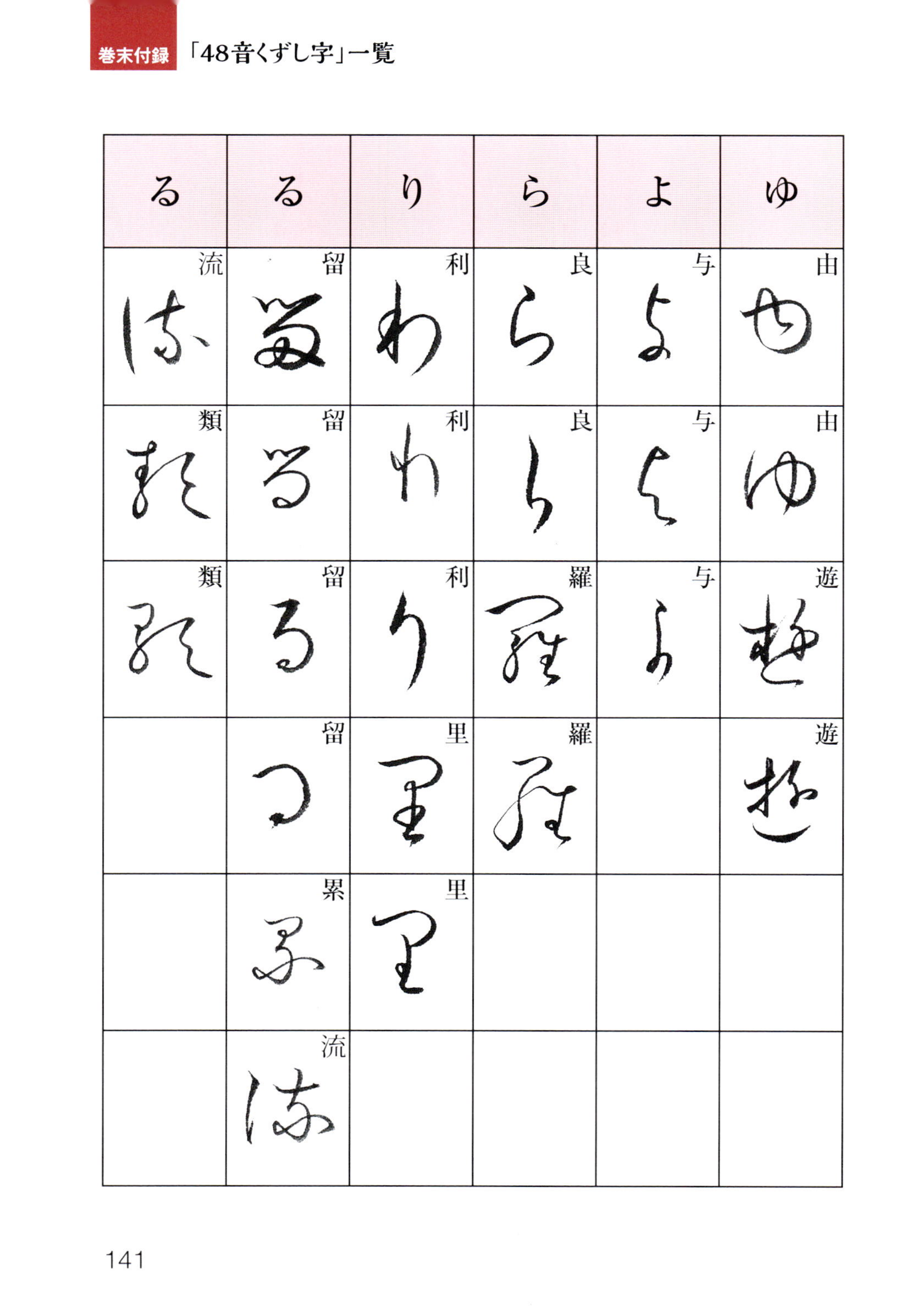

る	る	り	ら	よ	ゆ
流	留	利	良	与	由
類	留	利	良	与	由
類	留	利	羅	与	遊
	留	里	羅		遊
	累	里			
	流				

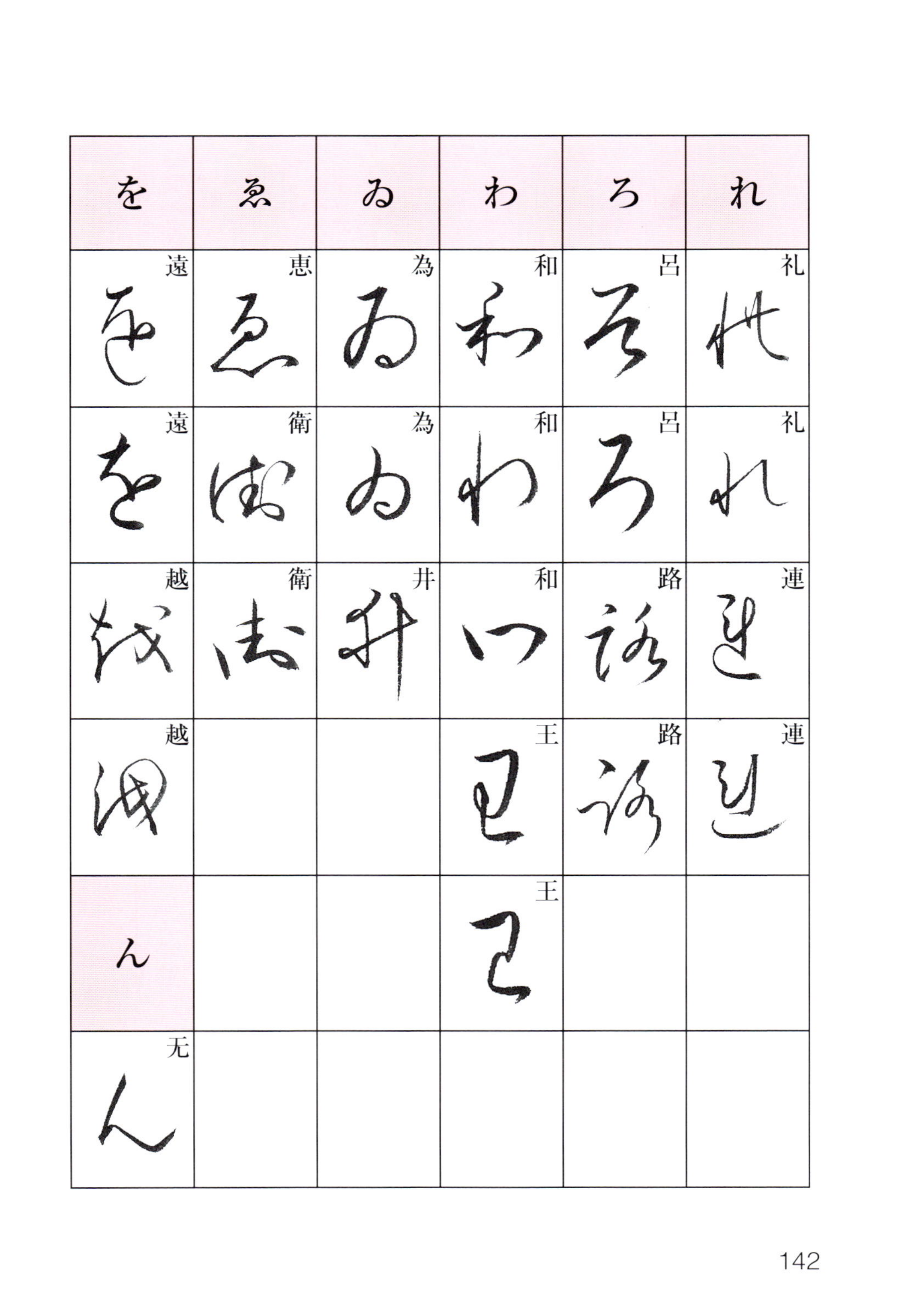

を	ゑ	ゐ	わ	ろ	れ
遠	恵	為	和	呂	礼
遠	衛	為	和	呂	礼
越	衛	井	和	路	連
越			王	路	連
ん			王		
无					